COMMENT SORTIR LA FRANCE DE LA MERDE !

Et Lui Redonner Toute Sa Splendeur

À lire avant de commencer

Ce livre vous présente une vision.

Des idées claires.

Des solutions concrètes.

Un nouveau paradigme pour changer la France et redonner le pouvoir au peuple.

Mais si vous cherchez les chiffres, les calculs précis, le plan technique complet,

je vous ai préparé un protocole détaillé, accessible en ligne.

Consultez-le ici :

www.fabiengris.com/protocole

Ce protocole citoyen, c'est le mode d'emploi du changement.

Il montre comment mettre en place chaque idée, étape par étape, avec des chiffres concrets.

Bonne lecture. Et bienvenue dans le nouveau paradigme.

FABIEN GRIS

En France, il y a seulement deux types de personnes : celui qui finance le système et celui qui en vit

Fabien Gris .

Avant-propos : Pourquoi ce livre est essentiel :

Diviser pour mieux régner : un outil de contrôle

Depuis des décennies, la division est utilisée comme une arme redoutable pour maintenir le contrôle sur les citoyens. Les élites politiques et économiques fragmentent la société en opposant les ouvriers aux employeurs, les urbains aux ruraux, et les différentes identités entre elles. Tout est fait pour que nous soyons occupés à nous battre les uns contre les autres, plutôt que de nous unir contre ceux qui nous exploitent et nous maintiennent en servitude.

Et si la solution était simple ?
Il suffirait de créer un vrai parti politique, celui

de : « Ceux qui financent la France ».

Un parti qui unirait ouvriers et employeurs pour défendre leur pouvoir de vivre contre ceux qui les écrasent sous le poids des taxes, des impôts, et des règlementations absurdes. Ce parti, simple à mettre en place, rassemblerait ceux qui travaillent, produisent et financent le pays, contre ceux qui se contentent d'en profiter.

Ce parti aurait pour mission de :

Protéger les intérêts de ceux qui paient les impôts, et non de ceux qui en vivent.
Empêcher l'administration et les politiques de dilapider avec largesse le fruit du travail des salariés et des entrepreneurs.
Mettre fin au rôle de serviteurs que les citoyens occupent face à une caste dirigeante déconnectée.
Avec un tel parti, nous pourrions enfin reprendre le contrôle et remettre la France au service de ceux qui la construisent et la financent.

Mais il existe une alternative encore plus radicale.
Dans ce livre, je ne me contente pas de proposer la création d'un parti. Je vous dévoile une méthode qui permettrait de changer entièrement notre mode de démocratie.

Au lieu d'élire un maître tous les cinq ans, pourquoi ne pas imaginer une autre manière de prendre des décisions ? Une méthode où chaque citoyen aurait son mot à dire, où les décisions seraient prises directement par le peuple.

Cette idée, simple et révolutionnaire, pourrait mettre fin au pouvoir d'une élite qui s'enrichit sur notre dos, tout en garantissant que les choix reflètent réellement l'intérêt général.

Vous découvrirez dans ce livre comment une telle transformation est non seulement possible, mais urgente, pour reprendre enfin le contrôle de nos vies et de notre avenir.

Ce livre ne se limite pas à ces pages. Si vous souhaitez aller plus loin, poser des questions ou voir mes explications en vidéo, rejoignez-moi sur YouTube et TikTok !

YouTube : youtube.com/@FabienGrisAuteur
TikTok:https://www.tiktok.com/
@lelivrequichangetout
X (twitter) https://x.com/@FabienGris
site web : www.fabiengris.com

Vous y trouverez des analyses approfondies, des débats en direct et des mises à jour régulières sur les sujets abordés ici.

Les impôts : un système de racket organisé

Saviez-vous que des personnes qui vivent exclusivement de vos impôts se réunissent chaque jour pour trouver de nouvelles façons de vous prendre votre argent ? Leur mission n'est pas de sauver le pays ou de le rendre plus prospère, mais simplement d'assurer leur pouvoir et leurs privilèges. Dans une salle bien éclairée, ces individus, qui n'ont jamais produit de richesse par eux-mêmes, passent leurs journées à imaginer des taxes et des impôts toujours plus absurdes, tout cela pour que vous continuiez à payer sans jamais vous révolter.

La Stratégie Des Nouvelles Taxes : Diviser Pour Mieux Régner

Créer une nouvelle taxe n'est pas si simple. Il faut que cela passe sous le radar, que personne ne s'y oppose trop fortement. Alors, ils utilisent une stratégie vieille comme le monde : la division. Ils identifient un groupe minoritaire et concentrent la taxe sur lui, laissant le reste de la population penser qu'elle a eu de la chance d'être épargnée.

Taxons les blondes aux cheveux longs !

Une taxe ciblée qui ne touche qu'un petit groupe. Les autres, soulagés de ne pas être concernés, restent passifs. La taxe passe.

Et maintenant, taxons les roux !
Avant d'introduire cette taxe, il suffit de diffuser un reportage qui décrédibilise les roux et rappelle qu'au Moyen Âge, on les brûlait car on les considérait comme des "sorciers".
Résultat : personne ne les défend, et une nouvelle taxe voit le jour.
Le roux, soulagé, se dit : « Ouf !, j'ai failli être brûlé. »

Vous pensez que c'est de la folie ? Pas tant que ça. Ce mécanisme, bien que caricatural ici, reflète exactement la manière dont on introduit des taxes absurdes et ciblées en France, pour ensuite les généraliser progressivement.

Comment manipuler les foules pour maintenir ce système ?
En cas de contestation, ils ont une autre arme

redoutable : le contrôle de l'opinion publique.

Vous souvenez-vous des Gilets jaunes ou des agriculteurs en colère ? Ces mouvements sont systématiquement dépeints comme violents ou irréfléchis par les médias. Toute tentative de révolte est discréditée à coups de reportages bien orientés, destinés à diviser encore plus le peuple et à étouffer la contestation.

Financer un système qui vous asservit

Mais ce n'est pas tout. Vos impôts ne servent pas uniquement à financer des services publics ou des aides sociales. Une grande partie est utilisée pour rembourser des intérêts colossaux à des banques privées qui prêtent de l'argent créé à partir de rien.

Vous Financez Un Système Où :

Vos impôts paient les intérêts d'une dette fabriquée de toutes pièces.
Les oligarques, grâce à cet argent, rachètent les grandes entreprises et les ressources stratégiques du pays.

Si vous protestez, vous êtes réduit au silence par la manipulation médiatique ou, pire, envoyé sur un champ de bataille pour défendre les intérêts de ceux qui vous exploitent.

Un racket fiscal de la naissance à la mort
Le racket fiscal ne s'arrête jamais. En France, vous payez :

À la naissance : Vous entrez dans un système où tout est taxé.
Sur vos revenus : Une partie de votre salaire disparaît chaque mois pour financer ce système.

Sur vos dépenses : Que vous achetiez une voiture, un bateau ou même une baguette, vous êtes encore taxé.

À votre mort : Même après votre trépas, vos héritiers devront payer pour ce que vous avez réussi à épargner.

Certains politiciens voudraient même tout vous prendre, sous prétexte de "justice sociale". Mais ce ne sont que des tiques : des hommes et des femmes qui n'ont jamais créé de richesse et qui vivent en parasites sur le dos des citoyens.

Une solution équitable pour sortir de ce système
Dans ce livre, je propose une méthode radicale pour en finir avec ce racket fiscal. Imaginez un

système où tous les impôts et taxes seraient supprimés. Oui, tous. Pas de TVA, pas d'impôt sur le revenu, pas de droits de succession. À la place, un impôt unique, équitable et ridicule, suffirait à financer l'État.

Vous découvrirez une méthode qui permettrait à la France de fonctionner sans impôt apparent, tout en assurant le financement des services publics. Un système où vous seriez enfin libéré de ce racket et où la richesse que vous créez vous appartiendrait pleinement.

Les Charges Sociales : Le Système Ultime Du Racket À La Française

D'après les politiques, la sécurité sociale est un trésor national, un système gratuit qui garantit à tous les Français des soins accessibles et une santé universelle. Sur le papier, cela semble vrai. Mais en réalité, pour qui ce système est-il vraiment "gratuit" ?

Un système gratuit... pour certains
Pour les politiciens et ceux qui vivent des impôts, oui, c'est gratuit. Ils ne financent rien, ne produisent rien, mais bénéficient d'une couverture qu'ils vantent comme une merveille. Et pour nous, les employeurs et les travailleurs

du secteur privé, ceux qui financent réellement la France ? Nous payons, et nous payons cher.

Savez-vous que les charges sociales représentent 66 % du salaire brut ? Sur chaque euro que vous gagnez, deux tiers partent directement dans ce système. On vous dit que vous cotisez pour votre retraite, votre santé, ou d'autres prestations, mais la vérité est bien différente : votre argent est utilisé pour entretenir les autres. Les politiques achètent ainsi la "paix sociale" avec votre travail, tout en se servant grassement au passage et en engraissant les multinationales.

Un Système Qui Étouffe Les Entreprises

Les charges sociales sont si élevées que les entrepreneurs peinent à s'en sortir. Beaucoup n'arrivent pas à payer à la fois leurs salariés, les charges, et leur propre salaire. Ce système de racket suce les entreprises jusqu'à leur dernier souffle. Et pour celles qui survivent, elles doivent maintenir les salaires au plus bas pour profiter d'avantages fiscaux sur les bas revenus. Résultat ? Un appauvrissement général des travailleurs et une précarisation des employeurs.

Qui Paie Vraiment ?

Voici le fait le plus révoltant : seuls les employeurs et les salariés du secteur privé financent l'ensemble du système social français. Oui, vous avez bien lu. Si vous êtes employé ou entrepreneur, vous payez pour tout le reste de la population.

Certains diront : "Mais moi, en tant que fonctionnaire, je paie aussi des charges sociales." Faux. Si vous êtes fonctionnaire, vous vivez des impôts. Ces charges ne sont qu'une illusion comptable pour vous faire croire que vous participez. En réalité, seul le secteur privé porte ce poids, et il le fait au prix d'un déséquilibre énorme.

Le paradoxe : ceux qui paient sont les moins couverts

Le plus fou, c'est que ceux qui financent tout le système sont aussi ceux qui bénéficient le moins de protections. Les employeurs et salariés doivent encore payer une mutuelle, des frais non remboursés, et gérer des restes à charge importants. Pendant ce temps, des individus venus d'ailleurs, sans jamais avoir cotisé, peuvent être pris en charge à 100 %.

Sous prétexte de solidarité ou d'égalité, on soigne "gratuitement" ceux qui ne contribuent pas. Mais soyons clairs : ce "gratuit", c'est votre argent. Big Pharma ne donne pas de médicaments gratuitement, et les hôpitaux ne font pas de remises. Alors, d'où vient l'argent ? De votre travail et de vos cotisations.

Les politiciens : des intermédiaires corrompus

Les politiciens aiment se donner des airs de bienfaiteurs. Mais posons-nous la question : qui finance vraiment leur "générosité" ? Qui profite des lois qu'ils votent ? Ces décisions servent-elles réellement les citoyens, ou bien Big Pharma et d'autres multinationales ? La réponse est simple : il suffit de suivre l'argent. Ces lois profitent rarement à ceux qui cotisent, mais enrichissent systématiquement ceux qui financent ces mêmes politiciens.

Une solution équitable pour un système durable

Dans ce livre, je vous explique comment changer

radicalement ce système injuste. Et si les charges sociales étaient réparties équitablement entre tous, au lieu d'écraser uniquement les entreprises et les travailleurs du privé ? Et si nous construisions un modèle où les entreprises ne seraient plus étouffées, mais encouragées à prospérer ?

Je vous dévoilerai une méthode simple et efficace pour que les charges sociales ne soient plus une machine à ruiner les entrepreneurs et à décourager les travailleurs, mais un outil au service de tous, financé équitablement par l'ensemble de la population. Il est temps de rétablir la justice sociale, la vraie.

La fin du monopole des multinationales : reprendre le contrôle sur nos vies

Les multinationales contrôlent aujourd'hui presque tous les aspects de notre existence. De l'alimentation aux médicaments, en passant par les infrastructures et les biens de consommation, tout semble leur appartenir. Et derrière ces entreprises se cache une poignée d'oligarques, les fameux 1 %, ou devrais-je dire les 3 pour un milliard, qui imposent leurs règles et s'enrichissent sur notre dos.

Un système conçu pour vous asservir

Ces élites fixent des prix exorbitants :

Pour les médicaments, dont certains sont inaccessibles car jugés "non rentables".
Pour les infrastructures, où chaque projet est une manne financière pour leurs groupes industriels.
Pour les biens de consommation, fabriqués au moindre coût dans des pays sans normes sociales ni environnementales.
Pendant ce temps, l'Europe, au lieu de protéger ses citoyens, signe des accords commerciaux qui permettent l'importation de produits et de nourriture ne respectant pas les normes imposées à nos propres agriculteurs et producteurs. Résultat ? On nous fait manger de la merde sous prétexte de compétitivité, puis on nous vend les remèdes à prix d'or lorsque ces produits détruisent notre santé. Tout cela, bien sûr, profite aux mêmes groupes.

Le pouvoir d'une poignée contre la résignation

des peuples
Vous pensez peut-être qu'il est impossible de changer ce système. Que nous sommes condamnés à vivre sous la coupe de ces multinationales. Mais cette croyance est une croyance limitante. Comme disait La Palice, il suffit de ne plus leur acheter pour qu'ils ne vendent plus.

Mais comment reprendre le contrôle dans un système où tout semble verrouillé ?

Une alternative radicale : créer nos propres solutions

Dans ce livre, je vous montre qu'il est non seulement possible, mais urgent de reprendre le contrôle sur notre santé, notre alimentation et notre économie. Voici comment :

Créer nos propres laboratoires pharmaceutiques : Développons les traitements dont nous avons besoin, même ceux jugés "non rentables" par Big Pharma. Nous pourrons soigner nos maladies sans dépendre de leurs prix abusifs.
Reprendre le contrôle sur notre alimentation : Produisons des aliments de qualité, respectant nos normes, et mettons fin à la

malbouffe imposée par les grandes chaînes agroalimentaires.

Partager les richesses entre citoyens : Imaginons un système où chaque citoyen est actionnaire des entreprises stratégiques du pays, grâce à des outils modernes comme la blockchain.

Un modèle économique fondé sur la souveraineté citoyenne

Grâce à la blockchain, nous pouvons construire un modèle économique transparent, où chaque Français peut devenir actionnaire et acteur du système. Cela permettrait de :

Mettre fin au monopole des élites.
Redistribuer équitablement les richesses produites dans notre pays.
Garantir que les décisions économiques servent l'intérêt commun, et non celui d'une poignée d'oligarques.

Reprendre le contrôle sur nos vies et notre pays

Il est temps de mettre un terme à ce système qui nous exploite. Nous avons le pouvoir de recréer une économie au service des citoyens, une économie où :

Les médicaments sont accessibles à tous.
L'alimentation respecte nos normes et notre santé.
Les richesses sont partagées entre ceux qui produisent et financent le pays.
Dans ce livre, je vous explique comment nous

pouvons mettre en place ce modèle. Un modèle qui fonctionne déjà grâce à des technologies modernes et des principes simples. Il est temps de reprendre le contrôle sur nos vies, notre économie et notre avenir.

Prologue : Une France à Réinventer

La France traverse une période critique. Derrière le rideau des discours politiques et des statistiques économiques se cache une réalité plus sombre : un système qui divise, oppose et appauvrit ses propres citoyens. Nous sommes devenus les spectateurs d'un théâtre où l'État joue le rôle du maître, tandis que le peuple s'efforce de maintenir le décor en place.

Dans ce livre, je ne me contente pas de dénoncer les dysfonctionnements actuels. Je propose une vision audacieuse et réalisable pour reprendre le contrôle de notre avenir. Une vision où chaque citoyen devient acteur d'un changement concret, sans révolution ni chaos, mais avec une stratégie claire et transparente.

Pourquoi divisons-nous autant ?
Depuis les « 30 Glorieuses », où la prospérité

rassemblait les Français, l'État a progressivement introduit des lignes de fracture pour mieux régner. Employés contre employeurs, villes contre campagnes, religions, couleurs de peau, et plus récemment, des genres toujours plus nombreux. Chaque nouvelle division éloigne les citoyens les uns des autres, alimentant un climat d'insécurité et de méfiance.

Même au sein du cercle intime des familles, des forces externes ont été introduites pour semer le doute et l'opposition. Les idéologies militantes, comme certaines branches extrêmes du féminisme, ont contribué à renforcer les tensions entre hommes et femmes, créant une méfiance mutuelle là où il y avait autrefois complémentarité. Ces divisions ne font qu'affaiblir les couples et, par extension, la cellule familiale, qui reste pourtant un pilier essentiel de toute société prospère.

Et si nous changions cette dynamique ?
Que se passerait-il si, au lieu de nous diviser davantage, nous trouvions un moyen de nous unir ? Que se passerait-il si l'État, au lieu de s'enrichir sur le dos des citoyens, devenait un véritable serviteur du peuple ?

Dans les pages qui suivent, vous découvrirez des idées nouvelles, parfois audacieuses, mais toujours ancrées dans le réel. Il est temps de poser les questions qui dérangent et d'y apporter des réponses pratiques.

Et si l'impôt tel que nous le connaissons devenait obsolète ?
Et si nous trouvions une manière plus juste, plus simple et plus équitable de financer nos besoins collectifs ?
Et si, ensemble, nous écrivions un nouveau chapitre de notre histoire économique et sociale ?
Je vous invite à explorer avec moi ce chemin vers une France réinventée. Ensemble, nous pouvons bâtir un avenir où chaque citoyen trouve sa place et participe à une prospérité partagée.

Reprendre le contrôle

Réinventer la France : Stratégies pour un avenir prospère

PRÉFACE

J'AI FAIT UN RÊVE

J'ai fait un rêve. Un rêve où la France se réveillait transformée, libérée des chaînes de l'ancien système fiscal qui étouffait son peuple et entravait son économie. Dans ce rêve, j'ai vu un pays où les citoyens et les entreprises n'étaient plus accablés par un fardeau fiscal insupportable, mais soutenus par un système équitable, conçu pour favoriser la prospérité commune.

Les valeurs de la France — liberté, égalité, fraternité — n'étaient plus couvertes de merde, mais, dans mon rêve, étaient radicalement redéfinies. Elles transcendaient de simples mots gravés sur nos monuments pour devenir des réalités palpables, vécues chaque jour.

Dans ce rêve, la solidarité n'était plus un idéal lointain, mais une réalité tangible, alimentée par une vision fiscale révolutionnaire qui assurait que chacun contribuait justement à la société, sans écraser les moins fortunés ni laisser les plus riches s'évader de leurs responsabilités.

J'ai rêvé d'une nation où l'innovation n'était plus

entravée par la peur des taxes et des charges, mais encouragée, célébrée, et récompensée. Où les entrepreneurs pouvaient s'épanouir, créer des emplois, et développer des technologies qui façonnent un avenir meilleur pour tous.

Ce rêve m'a montré une France devenue le phare de l'investissement mondial, attirant talents et capitaux grâce à sa fiscalité juste et transparente. Une France où le pouvoir d'achat n'était plus une préoccupation constante pour le travailleur moyen, mais une réalité améliorée, offrant une qualité de vie inégalée.

Dans ce rêve, j'ai également vu une France où les citoyens reprenaient le contrôle de leur avenir économique et social, transformant chaque individu en investisseur actif plutôt qu'en simple consommateur. Une nation où les entreprises citoyennes émergeaient pour défier les multinationales, promouvant une économie qui valorise le local, la qualité et la durabilité face à la malbouffe et aux produits bas de gamme.

Et dans ce rêve, les services publics essentiels étaient préservés, voire renforcés, grâce à un système de financement innovant et équitable, qui répartissait la charge fiscale de manière à ce que tous, y compris les géants de l'industrie et les multinationales, contribuent leur part équitable.

Dans ce rêves l'administration et l'état était au service du peuple et non l'inverse.

Mais le plus beau dans ce rêve, c'était la réalisation qu'un tel futur n'est pas hors de portée. Ce n'est pas une utopie inaccessible, mais un objectif réalisable, un horizon vers lequel nous pouvons tous naviguer avec espoir et détermination.

Dans les pages qui suivent, je vous invite à explorer avec moi ce rêve, à disséquer sa structure, à comprendre ses fondations, et à envisager comment, ensemble, nous pouvons le rendre réalité. Car si nous osons rêver et travailler ensemble pour ces idéaux, quel magnifique réveil nous attend. Ensemble, nous pouvons redéfinir ce que signifie prospérer, en faisant de chaque citoyen un pilier de l'économie, un acteur de la santé publique et un gardien de notre qualité de vie. C'est une invitation à réimaginer notre société, à briser les chaînes de l'ancien et à embrasser une nouvelle ère de responsabilité partagée et de prospérité collective.

NOTE : L'ESSENCE DE L'ENGAGEMENT

Dans ce livre, j'aborde des principes essentiels pour sortir notre pays de la situation difficile dans laquelle il se trouve. Ces principes sont nés de ma propre expérience en tant qu'entrepreneur confronté aux défis quotidiens d'un système qui semble souvent plus enclin à freiner l'initiative qu'à l'encourager. Ma vision pour une France revitalisée repose sur une conviction simple mais puissante : avec de la volonté, nous pouvons transformer notre monde. Toutefois, cette transformation ne peut se faire sans éliminer les obstacles posés par ceux qui, plutôt que de contribuer positivement, cherchent à entraver notre progression.

Ce livre n'est pas l'œuvre d'un écrivain traditionnel mais celle d'un entrepreneur qui, pris dans le tourbillon de ses activités, doit jongler entre les exigences de son entreprise et les rigueurs de l'écriture. Conscient que le temps est une ressource précieuse et que la saison des affaires approche à grands pas, j'ai choisi de vous présenter mes idées telles quelles. Elles sont là, éparpillées comme des graines qui n'attendent que d'être arrosées par votre engagement et votre volonté de voir les choses changer.

Pour transcrire mes pensées en ces pages, j'ai fait appel à ChatGPT. Cet outil a été essentiel pour organiser mes idées et les transformer en un manuscrit cohérent. Je vous invite donc à lire ce livre non comme le produit fini d'un processus créatif poli et perfectionné, mais plutôt comme le début d'un dialogue que nous devons avoir ensemble. Chaque idée avancée ici est une invitation à réfléchir, à débattre et, surtout, à agir.

Je vous présente donc un livre brut, honnête et direct. Il n'est pas exempt de défauts, mais il est profondément sincère. Il ne tient qu'à vous, lecteurs, de prendre ce qui vous semble juste, de questionner ce qui vous paraît douteux, et d'apporter votre pierre à l'édifice que nous devons reconstruire ensemble. Plus qu'un livre, c'est un appel à l'action collective pour un avenir meilleur.

INTRODUCTION: UN CONSTAT ACCABLANT

La France est en crise. Entre un système fiscal écrasant et des charges sociales insoutenables, ceux qui réussissent sont souvent critiqués, voire pénalisés s'ils choisissent de quitter le pays pour préserver leurs gains durement acquis. L'administration, avec son appétit vorace pour la réglementation, étouffe toute initiative privée sous un poids bureaucratique insupportable. Une Europe à la dérive. L'Union européenne, influencée par des intérêts externes, notamment ceux des États-Unis, semble conspirer contre ses propres membres, encourageant la fuite des entreprises et des cerveaux les plus brillants. Ce système corrompu ne sert pas les peuples mais les oligarques qui orchestrent dans l'ombre.

Des vérités dérangeantes. La politique en France est devenue un théâtre d'ombres où les lois, les mensonges et les manipulations sont monnaie courante. Les médias, complices de cette mascarade, diffusent une propagande qui divise et affaiblit, semant l'insécurité et exacerbant les tensions raciales pour mieux régner. L'incompétence au pouvoir. Ceux qui nous gouvernent semblent déconnectés des réalités, incapables de gérer le pays avec efficacité ou équité.

Face à ces élites déconnectées, le citoyen moyen se sent impuissant, réduit à un simple pion dans un jeu qui le dépasse. Lorsque l'on voit dans les élections des propositions comme l'augmentation du SMIC à 1600 € net alors qu'un grand nombre d'entrepreneurs en France peinent à se payer, on mesure le décalage entre les politiques proposées et la réalité économique du terrain. Il est impératif de cesser de porter au pouvoir des hommes politiques qui n'ont jamais travaillé hors de l'administration, ou qui n'ont jamais ressenti le poids de la responsabilité entrepreneuriale.

Dans ce livre, je ne me contenterai pas de critiquer ce système profondément défectueux ; je propose également des solutions audacieuses pour redresser la barre et relancer l'économie française. Bien que ces idées risquent de ne pas plaire à tous et de rencontrer de la résistance, il est temps de les mettre en œuvre pour le bien de tous. Nous devons mettre en place des dirigeants qui ont vécu le martyre d'être entrepreneur, des gens qui connaissent la valeur de chaque euro gagné.

Le Poids Injuste des Contributions en France

En France aujourd'hui, les travailleurs et les entrepreneurs portent sur leurs épaules le poids financier de tout le pays, tout en étant paradoxalement les moins bien servis par les systèmes qu'ils financent. Cette réalité amère révèle une disproportion flagrante entre ceux qui contribuent le plus et ceux qui bénéficient le plus des ressources collectives.

Pour comprendre cette dynamique, il peut être utile de se tourner vers une analogie historique. À l'époque féodale, les seigneurs locaux employaient parfois des mercenaires pour créer un climat d'insécurité—brûlant des maisons et terrorisant les paysans. Ces mêmes seigneurs offraient ensuite de protéger ces paysans de menaces qu'ils avaient eux-mêmes orchestrées, en échange d'impôts. Les paysans, ignorant que les seigneurs étaient à l'origine de leurs malheurs, payaient ces impôts dans l'espoir de retrouver sécurité et stabilité.

De manière similaire, aujourd'hui, les travailleurs et les entrepreneurs se trouvent pris dans un cycle apparemment sans fin de taxes et de charges, souvent pour financer un appareil d'État qui ne leur rend pas proportionnellement ce qu'ils investissent. Comme les paysans de l'époque, ils paient pour des services publics insuffisants, sans savoir que les déficiences qu'ils subissent sont parfois dues aux structures mêmes qu'ils financent.

Cette situation appelle une réforme profonde pour rééquilibrer la balance entre contribution et service, pour que ceux qui alimentent les caisses de l'État soient aussi ceux qui en bénéficient le plus équitablement. Dans ce livre, je propose des solutions pour réformer ce système, en assurant que les charges soient justes et que chaque contribution soit utilisée de manière optimale pour le bien de tous.

LA FRANCE CHAMPIONNE DU MONDE

La France, championne du monde des taxes et impôts, subit un paradoxe déchirant : un service public qui s'effrite et des fonctionnaires qui semblent servir l'État plus que les citoyens eux-mêmes. Le budget de l'État, malgré une distribution généreuse de l'argent public, est une véritable passoire financière, creusant des dettes astronomiques dont le fardeau retombe toujours sur les mêmes épaules : celles des citoyens ordinaires.

Pendant que vous lisez ces lignes, des personnes, sélectionnées pour leur cynisme et leur cupidité, se réunissent secrètement pour imaginer de nouvelles façons de vous soutirer de l'argent sans provoquer votre révolte. Et si jamais cette colère devait éclater, soyez assurés qu'un plan B est déjà prêt : la guerre. En cas de soulèvement, les politiques n'hésiteront pas à déclencher un conflit, sacrifiant vos enfants pour protéger les intérêts des oligarques, alors que leurs propres enfants resteront en sécurité.

Ce livre va vous montrer comment nous pourrions éliminer les impôts sur le revenu, sur l'essence, les droits de succession, et même la taxe sur les enterrements. Les taxes qui bloquent notre pays et poussent nos talents à s'exiler seront détaillées en fin d'ouvrage sur plus de 40 pages, **OUI 40 pages de taxes et impôts**.

Les politiciens nous assurent que les impôts n'augmentent pas. Pourtant, quand j'étais jeune, la TVA à 18,6 % représentait 50 % du budget de l'État. Aujourd'hui, malgré une hausse à 20 %, elle ne compte plus que pour un tiers. Il est temps de considérer une loi qui punisse le parjure des hommes politiques.

Le budget de l'État s'élève à 453 milliards d'euros, mais qui en paie le prix ? Vous, les travailleurs, les investisseurs, les entrepreneurs. Vous voulez une preuve ? Faites le calcul de ce que vous payez en impôts, toutes catégories confondues. Dans le prochain chapitre, je vous expliquerai comment changer les choses.

ET SI ON N'AVAIT PLUS D'IMPÔT NI DE CHARGE SOCIALE ?

En France, selon la Banque de France, il y a eu 59 000 milliards d'euros de transactions en un an, sans compter les transactions en espèces. Imaginez un instant si nous appliquions une taxe de seulement 1% sur chacune de ces transactions. Le calcul est simple : cela générerait 590 milliards d'euros par an. À titre de comparaison, voici les dix plus gros impôts et contributions en France, qui pourraient être abolis avec cette seule taxe transactionnelle :

Taxe sur la valeur ajoutée (TVA) - Plus grand impôt en termes de recettes.
Impôt sur le revenu (IR) - Impôt direct sur les revenus des personnes physiques.
Cotisations sociales - Prélèvements sur les salaires pour financer la protection sociale.

Impôt sur les sociétés (IS) - Taxe sur les bénéfices des entreprises.
Taxe foncière - Payée par les propriétaires sur leurs propriétés immobilières.
Taxe d'habitation - Progressivement supprimée, mais encore en vigueur pour certains foyers.
Droits de succession - Impôts sur les héritages.
Contribution sociale généralisée (CSG) et Contribution au remboursement de la dette sociale (CRDS).
Taxe sur les transactions financières - Appliquée à certaines opérations financières.
Impôts locaux divers - Comprenant diverses taxes perçues par les municipalités.
Avec un tel système, où un impôt unique de 1% sur toutes les transactions couvrirait le budget de l'État et laisserait même un surplus de 137 milliards d'euros, les pages de détails fiscaux actuels pourraient être réduites drastiquement.

Mais allons plus loin. Si nous relevions cette taxe à 2%, non seulement tous les impôts actuels pourraient être abolis, mais également toutes les charges sociales. Ces 2% de toutes les transactions pourraient transformer radicalement notre économie. Le coût social actuel pour un employeur, pour un salarié percevant 2000 € net, est d'environ 3300 € en incluant les charges. Avec cette réforme, il ne serait plus que de 2040 €, un changement significatif qui pourrait encourager les entreprises à embaucher plus librement et à augmenter les salaires.

Cette réforme pourrait également faire de la France un paradis fiscal attrayant pour les entreprises internationales, sans pour autant sacrifier les services sociaux. Les personnes actuellement soutenues par diverses aides ne seraient pas laissées pour compte. Au contraire, une taxe transactionnelle équitable et universelle garantirait que chaque transaction contribue à la solidarité nationale.

Ce modèle fiscal, juste et équitable, impliquerait que tout le monde paie sa part, éliminant les disparités actuelles. Avec une telle réforme, imaginez combien d'emplois pourraient être créés et à quel point votre pouvoir d'achat pourrait s'accroître. Ce n'est pas seulement une vision utopique, mais une proposition concrète pour un avenir où la France pourrait prospérer de manière équitable et durable.

POURQUOI PAYER PLUS QUAND MOINS SUFFIRAIT ?

À ce stade, il est légitime de se poser des questions cruciales : si un prélèvement de seulement 2% sur toutes les transactions pouvait financer l'ensemble des besoins de l'État et des services sociaux, pourquoi les citoyens se voient-ils imposer des charges fiscales aussi lourdes ? La réponse est simple et directe : dans le système actuel, tous ne contribuent pas de manière équitable, et souvent, ceux qui profitent le plus sont ceux qui paient le moins.

Dans notre société, chaque transaction via les cartes bancaires enrichit les banques, qui perçoivent des frais sur chaque opération. Par ailleurs, l'État redistribue une partie considérable de ces recettes fiscales sous forme d'aides sociales diverses — pour le logement, la nourriture, les vêtements, et même pour des soins médicaux gratuits. Mais à qui profite réellement ce système ?

Le coût caché des services gratuits

Prenons l'exemple des soins médicaux offerts aux personnes, y compris aux réfugiés et aux immigrants clandestins. Il est essentiel de comprendre que, même si ces services sont étiquetés comme « gratuits », ils sont en réalité financés par les contribuables. Les grandes entreprises pharmaceutiques et médicales ne fournissent pas de services sans contrepartie financière — ce sont les citoyens qui en assument le coût via leurs impôts.

Une solution équitable : la taxe de transaction universelle

En mettant en place une taxe de 2% sur toutes les transactions, nous pouvons redistribuer équitablement les coûts parmi tous ceux qui profitent de l'économie, y compris les entités supérieures qui contrôlent de larges segments du marché. Cette taxe aurait l'avantage de simplifier le système fiscal, de réduire les inégalités dans le paiement des taxes, et de garantir que chaque euro dépensé contribue directement au bien-être collectif.

La fin du "racket fiscal"

Avec une taxe transactionnelle de 2%, nous pourrions éliminer le besoin de taxes multiples et complexes qui pèsent actuellement sur les épaules des travailleurs et des entreprises. Cette approche remettrait en question le système actuel, où les charges fiscales et sociales peuvent s'élever à 66% pour certains salariés voir 80 % pour les cadres, et réduirait la pression sur les citoyens et les entreprises, leur permettant de respirer financièrement et d'investir dans l'avenir.

RÉINVENTER LA FISCALITÉ POUR DYNAMISER L'ÉCONOMIE

Dans ce chapitre, nous abordons les inquiétudes courantes concernant l'impact de la taxe transactionnelle sur différents secteurs de l'économie, notamment les PME et la vie quotidienne des citoyens.

Impact sur les PME et les micro-entreprises

Les petites et micro-entreprises sont actuellement accablées par une multitude de taxes et de charges qui réduisent considérablement leur marge de manœuvre financière. Par exemple, une micro-entreprise générant 10 000 € de chiffre d'affaires doit s'acquitter de 1 242 € de cotisations sociales et de 300 € d'impôts, sans compter les autres taxes locales et professionnelles. Avec une taxe transactionnelle de 2%, ces entreprises paieraient un montant nettement inférieur, simplifiant considérablement leur structure fiscale et réduisant leur charge administrative.

Effet sur le coût de la vie

Contrairement aux craintes initiales, taxer les transactions à 2% tout en supprimant la TVA de 20% pourrait réduire le coût des biens et services. Prenons l'exemple d'une voiture : la suppression de la TVA de 20% signifie une réduction substantielle du prix final, ce qui rend l'achat plus accessible et stimule la consommation.

Réduction de l'activité économique

Loin de freiner l'économie, une baisse des prix due à la suppression de multiples taxes pourrait augmenter le pouvoir d'achat, inciter davantage de personnes à entrer sur le marché du travail et stimuler le chiffre d'affaires des entreprises apportant de la valeur ajoutée au pays.

Évasion fiscale

Un système fiscal simplifié et allégé rendrait la France plus attractive, encourageant le retour des activités économiques qui avaient migré à l'étranger pour échapper à l'oppression fiscale. Pourquoi chercher à fuir un pays où les impôts et les charges ne sont plus un fardeau ?

Mise en place du système

Bien que la transition vers un tel système puisse sembler complexe, le prochain chapitre détaillera comment cette réforme peut être mise en œuvre de manière facile et transparente. Nous explorerons les technologies et les stratégies nécessaires pour garantir une transition en douceur vers une fiscalité simplifiée et plus juste.

Proposition d'un Nouveau Modèle Fiscal en France – 2.37 %

Introduction
Dans cette première partie, nous allons détailler la proposition d'un prélèvement unique sur les transactions financières, qui permettrait de financer l'ensemble des dépenses publiques françaises, y compris les retraites, et d'assurer la viabilité à long terme de notre système de

protection sociale.

Analyse du Prélèvement Unique
Bases du Calcul:
Avec 1% des transactions: Ce taux couvrirait le budget actuel de l'État français.

Si on prend 2% des transactions: Ce niveau de prélèvement permettrait de financer l'intégralité du système de santé et des aides sociales.

A 2,37% des transactions on prend la retraite à 60 ans: Avec ce taux légèrement augmenté, il est possible de générer 1 400 milliards d'euros, couvrant tous les budgets de l'État, la santé, le social, et les caisses noires des politique y compris les pensions de retraite.

IMPLICATIONS POUR LA RETRAITE

Avec un prélèvement de 2,37%, nous pourrions garantir une retraite à 60 ans pour tous les citoyens. Cette mesure revitaliserait non seulement le moral des travailleurs mais aussi l'économie, en augmentant le pouvoir d'achat des retraités plus tôt dans leur vie.

On peut légitimement se demander : de quel droit un homme politique, une personne qui vit au crochet des travailleurs, des entrepreneurs et des investisseurs, peut-il décider de l'âge auquel ces derniers prendront leur retraite?

Ces individus, qui utilisent l'argent des contribuables pour subvenir aux besoins d'une multitude de politiciens, de fonctionnaires, mais aussi d'immigrants et de clandestins, vous diront que vous devez travailler plus longtemps et payer davantage.

En France, le calcul de la retraite révèle une profonde inégalité entre les travailleurs du secteur privé et les fonctionnaires. Le système actuel semble favoriser de manière inacceptable ceux qui sont déjà en position de pouvoir et qui bénéficient des contributions des travailleurs. Pour les millions de travailleurs du secteur privé, la pension de retraite est calculée sur la base des salaires des 25 meilleures années de leur carrière. Cette méthode, loin d'être équitable, est conçue pour intégrer les années de salaires les plus bas, diluant ainsi le montant de la retraite finale.

Par contraste flagrant, les fonctionnaires, qui sont directement rémunérés par les impôts des travailleurs, voient leur retraite calculée sur les six derniers mois de leur carrière, généralement les plus rémunérateurs. Cette différence de traitement n'est pas seulement injuste, elle est révoltante, car elle perpétue une classe privilégiée au sein de l'État, financée par ceux qui souvent luttent pour joindre les deux bouts.

Le cas des politiciens est encore plus choquant. Vivant également au crochet des travailleurs, ils bénéficient souvent de régimes de retraite exceptionnels, se garantissant des pensions luxueuses bien au-delà de ce que le travailleur moyen pourrait espérer après des décennies de labeur.

Cette situation est intolérable dans un pays qui prône l'égalité comme un pilier de sa République. Comment pouvons-nous accepter un tel déséquilibre, où ceux qui façonnent les lois profitent de conditions nettement plus avantageuses que ceux à qui ces lois s'appliquent ? Il est urgent de réformer ce système de retraite, d'instaurer une véritable équité entre tous les citoyens, et de s'assurer que tous, fonctionnaires comme travailleurs du privé, soient traités avec la même justice financière.

Nous devons nous élever contre ce système profondément injuste et exiger des changements qui respectent les principes d'égalité et de justice pour tous. Il est temps que la France réaligne ses pratiques avec ses idéaux.

RÉFORMES POLITIQUES PROPOSITIONNELLES

Un aspect essentiel de cette réforme serait d'adresser directement les décisions politiques passées concernant l'âge de la retraite. Une proposition audacieuse serait de requérir que tous les politiques qui ont voté pour l'augmentation de l'âge de la retraite passent une partie significative de leur carrière post-politique à travailler dans des usines. Cette idée vise à leur faire expérimenter directement les réalités du travail physique quotidien, souvent jusqu'à un âge avancé, auquel ils ont voulu contraindre la population générale.

Conclusion
Cette première partie a établi les fondements d'une réforme fiscale profonde et complète,

qui non seulement simplifie le système fiscal français mais le rend également plus juste et équilibré. Avec ce nouveau modèle, la France pourrait prendre un virage radical vers une plus grande équité sociale et économique, tout en mettant en place des mécanismes pour s'assurer que les décideurs politiques restent connectés aux réalités des citoyens ordinaires.

Transformation du Système Fiscal pour le Soutien Actif des Entreprises

Introduction
La réforme proposée du système fiscal français, avec l'instauration d'un prélèvement unique de 2,37 % sur les transactions financières, offre une opportunité unique de redéfinir le rôle de l'administration fiscale. Ce chapitre explore comment les compétences de ces employés peuvent être transformées pour soutenir activement le développement économique du pays.

Redéploiement Stratégique des Ressources Humaines
Les agents de l'administration fiscale, auparavant chargés de la collecte des impôts, pourraient être redéployés dans des rôles

qui contribuent directement à la croissance économique et au bien-être social.

SURVEILLANCE ÉTHIQUE ET SOUTIEN AUX ENTREPRISES

Surveillance Éthique des Politiques: Une partie de ces agents sera affectée à la surveillance des finances des élus et de leur entourage. Leur mission sera de garantir la transparence et l'intégrité des affaires publiques, en prévenant toute forme de corruption ou de malversation.

Conseil et Assistance aux Entreprises: Une autre partie des employés sera redéployée pour fournir un soutien administratif et financier aux entreprises françaises. Ces agents aideront spécialement les PME et les startups, utilisant leur expertise pour faciliter la gestion, la planification stratégique et l'accès aux financements.

Transformation de Rôle: De Régulateurs à

Partenaires

Le rôle de ces anciens agents fiscaux évoluera de celui de contrôleurs à celui de partenaires de croissance. Ce changement vise à améliorer l'image de l'administration fiscale, la transformant de perçue comme punitive à perçue comme un pilier de soutien pour les entrepreneurs.

IMPACT SOCIAL ET RÉDEMPTION

Ce changement de fonction pour les agents fiscaux leur offre également une opportunité de rédemption aux yeux du public. En contribuant activement au succès des entreprises françaises, ils peuvent aider à reconstruire la confiance entre les citoyens et l'État. Cette approche pourrait également réduire le taux de désespoir et de détresse financière parmi les entrepreneurs et agriculteurs, contribuant à une économie plus saine et plus juste.

Conclusion

Ce chapitre démontre comment une réforme fiscale peut être transformée en une opportunité de revitaliser l'économie française, en engageant les compétences de l'administration fiscale de manière constructive et positive. En faisant des agents des impôts des partenaires dans le développement économique, nous pouvons contribuer à un avenir où l'économie française est non seulement plus robuste mais aussi plus équitable.

La Blockchain : Une Révolution pour la Fiscalité et la Monnaie

La blockchain, souvent associée à la révolution des cryptomonnaies telles que le Bitcoin (BTC), l'Ethereum (ETH), et le Solana (SOL), est une technologie qui promet de transformer profondément notre approche de la monnaie et de la fiscalité. À la base, la blockchain est une technologie de stockage et de transmission d'informations, transparente, sécurisée, et fonctionnant sans organe central de contrôle. Dans le contexte de la cryptomonnaie, cela signifie que contrairement aux monnaies traditionnelles gérées par des banques centrales, les cryptomonnaies sont décentralisées et contrôlées collectivement par leurs utilisateurs.

Cette décentralisation offre plusieurs avantages clés. Premièrement, elle permet une transparence totale des transactions : chaque échange est enregistré dans un "bloc" de données, lié à la chaîne de blocs précédents, et visible par tous les utilisateurs. Deuxièmement, la sécurité est renforcée car modifier les informations contenues dans un bloc est pratiquement impossible sans l'accord de la majorité des participants au réseau. Troisièmement, en éliminant les intermédiaires traditionnels tels que les banques, les coûts de transaction peuvent être réduits significativement.

Dans le cadre d'un système fiscal basé sur la blockchain, cette technologie pourrait être utilisée pour automatiser et simplifier la collecte des taxes via une cryptomonnaie nationale. Chaque transaction serait automatiquement enregistrée et une taxe de 2% pourrait être prélevée instantanément et de manière transparente, réduisant ainsi les possibilités de fraude fiscale et d'évasion. De plus, la nature décentralisée de la blockchain assure que cette collecte de taxes est équitable et démocratiquement contrôlée par tous les participants, plutôt que par une entité centrale seule.

En somme, la blockchain offre un potentiel considérable pour réinventer non seulement notre système monétaire mais également notre système fiscal, le rendant plus juste, efficace et adapté aux défis économiques modernes.

La Blockchain : Un Outil de Justice Économique

Dans l'ère numérique, la blockchain apparaît non seulement comme une innovation technologique, mais aussi comme un levier potentiel de justice économique et fiscale. En intégrant cette technologie dans le système fiscal, voici les changements majeurs que nous pouvons envisager :

Fin de l'Évasion Fiscale et du Travail au Noir

La traçabilité infaillible des transactions sur la blockchain rend pratiquement impossible le travail au noir et l'évasion fiscale. Chaque transaction étant enregistrée de manière transparente et indélébile, il devient difficile pour les individus ou les entreprises de dissimuler leurs revenus ou de transférer des fonds sans payer les taxes dues.

Élimination des Frais Bancaires et de l'Inflation

Les cryptomonnaies opérant sur la blockchain éliminent le besoin d'intermédiaires bancaires, réduisant ainsi les frais bancaires exorbitants souvent imposés aux consommateurs et aux entreprises. De plus, contrairement à la monnaie fiduciaire, dont la valeur peut être diluée par des politiques inflationnistes, la cryptomonnaie peut être conçue pour avoir une offre limitée, protégeant ainsi contre l'inflation.

Redistribution Équitable des Richesses

En appliquant une taxe de transaction uniforme, la blockchain assure que chaque participant, riche ou pauvre, contribue équitablement au budget de l'État. Cela pourrait potentiellement remplacer un système fiscal complexe et souvent inéquitable par un mécanisme plus simple et transparent.

Implications pour le Financement de l'État

Le système de prélèvement automatique sur les transactions peut efficacement financer le budget de l'État, les aides sociales, les pensions de retraite, et même servir au remboursement de la dette publique. Cela pourrait réduire la dépendance des États vis-à-vis des prêts des banques centrales, qui, selon certaines théories, pourraient favoriser les intérêts des oligarques plutôt que le bien commun.

Vision ou Conspiration ?

Il est facile de glisser de l'analyse économique à la théorie du complot lorsqu'on examine la concentration de pouvoir économique et la manipulation possible par quelques-uns. Cependant, en proposant un système transparent et équitable comme celui basé sur la blockchain, nous cherchons non pas à alimenter des théories mais à offrir des solutions concrètes pour un avenir où la justice économique est accessible à tous.

LE PLAN B : RÉINVENTION DE L'ADMINISTRATION FISCALE

Face aux défis du système fiscal actuel et à la résistance prévisible à tout changement, il est essentiel de proposer un "Plan B" qui non seulement répond aux inquiétudes mais aussi réforme le rôle de l'administration fiscale de manière constructive.

Transformation de l'administration fiscale

Dans un système où la blockchain simplifie et automatise la collecte des taxes, le rôle traditionnel des agents du fisc, souvent perçu comme oppressif, pourrait être transformé. Plutôt que d'éliminer ces emplois, nous pourrions requalifier ces professionnels pour qu'ils deviennent des conseillers et des supports pour les entreprises. Loin de simplement chercher à maximiser les recettes fiscales, leur nouveau rôle serait d'assister les entreprises dans leur gestion, d'identifier les inefficacités et d'aider à stimuler l'économie locale.

L'entreprise citoyenne

Dans un pays libéré des lourdeurs du système fiscal actuel, les entreprises pourraient prospérer et réinvestir plus efficacement dans la communauté. L'« entreprise citoyenne » serait un pilier de cette nouvelle ère, jouant un rôle actif dans la société non seulement par la création d'emplois mais aussi en participant activement à l'amélioration sociale et environnementale. Ce concept renforce l'idée que chaque entité économique contribue de manière positive au tissu social.

Impacts sociaux et psychologiques

Il est tragique de constater que la pression fiscale et sociale peut avoir des conséquences dévastatrices, comme en témoignent les taux alarmants de détresse dans certaines professions. En allégeant cette pression, le nouveau système envisagé pourrait potentiellement sauver des vies et améliorer la santé mentale des contribuables. En transformant les interactions entre l'État et les citoyens, nous pourrions favoriser un environnement plus coopératif et moins conflictuel.

Éthique et moralité

Enfin, il est crucial de souligner que la sélection et la formation des agents fiscaux devraient être orientées vers l'éthique et la responsabilité sociale. Plutôt que de choisir des individus prêts à appliquer les règles sans réflexion morale, nous devrions privilégier ceux qui sont guidés par des principes de justice et de compassion.

COMPRENDRE LA SITUATION ACTUELLE – LES DESSOUS DE LA GLOBALISATION

Dans un monde où les décisions économiques et politiques semblent de plus en plus déconnectées des besoins du peuple, il est crucial de comprendre les forces en jeu. Ce chapitre détaille la perspective actuelle et les motivations des élites qui orchestrent les grandes orientations économiques globales.

La Mentalité des Dirigeants

Les personnes au pouvoir, qu'elles soient visibles ou opèrent dans l'ombre, partagent souvent une vision du monde qui diffère grandement de celle de la majorité. Ils perçoivent le citoyen moyen non pas comme un acteur clé de l'économie, mais comme un pion dans un grand jeu de stratégie où les gains sont mesurés en termes de profits et de contrôle du marché. Pour ces élites, les décisions sont prises sous l'angle de l'accumulation de richesse et de pouvoir, souvent au détriment de l'équité sociale et de la durabilité environnementale.

La Globalisation et ses Déséquilibres

La globalisation, telle qu'elle est promue par ces élites, est souvent présentée comme une utopie économique où les frontières s'effacent au profit d'un marché mondial unifié. Cependant, cette vision cache une réalité plus sombre : celle d'une course vers le bas où les standards de qualité, de travail et environnementaux sont sacrifiés pour maximiser les profits. Les produits de consommation courante, même les plus basiques, traversent désormais la planète avant d'atteindre nos assiettes, enrichissant une poignée d'acteurs qui ont su tirer profit de ce système dérégulé.

Les Impacts Humains et Sociaux

Derrière les chiffres de la croissance et les bilans

des multinationales, il y a des histoires moins parlantes de communautés désindustrialisées, de travailleurs précaires et de ressources naturelles surexploitées. Les dirigeants actuels, souvent coupés de la réalité quotidienne des gens ordinaires, tendent à minimiser ou ignorer ces impacts, concentrés sur les tableaux de bord économiques plutôt que sur le bien-être humain.

La Déconnexion des Élites

Peut-être le plus inquiétant est la bulle dans laquelle vivent ces élites, une bulle où les conséquences de leurs décisions ne semblent pas les atteindre. Ils naviguent dans un environnement où les règles qu'ils imposent ne s'appliquent pas à eux-mêmes, un monde peuplé de conseils d'administration, de clubs exclusifs et de conférences internationales, loin des réalités des rues de nos villes et de nos campagnes.

Démystifier les Manœuvres Politiques et Médiatiques

Dans un monde idéal, nos dirigeants politiques seraient les fidèles serviteurs du peuple, agissant toujours dans l'intérêt collectif. Cependant, la réalité souvent sombre révèle une tout autre vérité. Poussés par les agendas de quelques individus et groupes puissants, certains de nos leaders nous distraient avec de grands discours et des promesses de sauver le monde, tandis qu'en coulisses, ils orchestrent des conflits et des crises pour servir des intérêts particuliers.

La Mise en Scène Politique et ses Conséquences
Il est devenu courant d'entendre nos politiciens parler de missions humanitaires et de défense des opprimés pour justifier des interventions militaires à l'étranger. Pendant ce temps, à l'intérieur de nos frontières, des citoyens désespérés, écrasés par les décisions de ces mêmes politiques, se retrouvent ignorés jusqu'à parfois être poussés au suicide. Ces actions démontrent un écart flagrant entre les discours de protection et la réalité des politiques menées, qui favorisent trop souvent une élite au détriment du citoyen moyen.

Rompre avec la Manipulation

Pour contrer cette manipulation, il est impératif que nous, citoyens, prenions conscience de la réalité derrière le théâtre politique. Couper la télévision et se détourner des médias traditionnels qui véhiculent ces narrations biaisées est un premier pas essentiel. Il s'agit de rechercher des sources d'information alternatives et indépendantes, de s'engager dans des discussions communautaires et de participer activement à la vie politique locale pour comprendre réellement les enjeux et agir en conséquence.

Appel à l'Action

Je vous invite à questionner activement les récits qui nous sont servis. N'acceptez pas passivement ce que les médias mainstream ou les politiciens vous disent. Informez-vous, discutez, débattez, et, surtout, pensez par vous-même. C'est en cultivant notre esprit critique et en soutenant les initiatives locales et transparentes que nous pourrons reconstruire une société plus juste et équitable, loin des manipulations des puissants.

LE DÉBUT DE LA FIN

La Transformation du Financement de l'État Français

L'Ère Pompidou et l'Interdiction d'Emprunter à la Banque de France

Depuis l'ère Georges Pompidou, ancien banquier de vous savez qui et président de la République, une modification capitale a été apportée à la gestion des finances publiques en France. Avant cette période, lorsque l'État français avait besoin de financer des infrastructures publiques comme un hôpital, il pouvait emprunter directement à la Banque de France. Imaginons que l'État emprunte un milliard d'euros; il le rembourserait sur 20 ans sans intérêt supplémentaire, soit exactement un milliard d'euros.

Le Changement Post-De Gaulle

Après le départ de Charles de Gaulle, un changement systémique a été imposé, non seulement en France mais dans de nombreux pays occidentaux, sous l'influence du nouvel ordre mondial. Les États ont été contraints d'arrêter d'emprunter auprès de leurs banques centrales nationales pour se tourner vers des banques privées. Ce pivot a marqué le début d'une ère où les dettes nationales ont commencé à augmenter de manière exponentielle, car les nouveaux emprunts étaient assortis de taux d'intérêt réels, alimentant les bénéfices des prêteurs privés.

La Création de "Faux" Argent et les Implications
Les banques privées prêtent de l'argent qu'elles créent de toutes pièces dans leurs systèmes informatiques — un argent que l'on pourrait qualifier de "faux" mais qui est légalement reconnu. Les intérêts générés par ces prêts sont payés avec "de l'argent réel" provenant des impôts des citoyens. Avec les revenus de ces intérêts, les élites financières, qui ne figurent souvent pas dans les listes des personnes les plus riches publiées dans les médias grand public, acquièrent des entreprises et des actifs stratégiques à une échelle alarmante.

*Sécurisation des Prêts et
Impact sur les Citoyens*

À mesure que la dette nationale s'accroît, les prêteurs exigent des collatéraux pour sécuriser leurs prêts. Cette exigence a mené à des propositions où les gouvernements envisagent d'utiliser les épargnes et autres actifs des citoyens comme garanties. Par exemple, des discussions ont été engagées sur l'utilisation des fonds de retraite européens pour couvrir les dettes, avec des transferts de gestion de ces fonds à des entités comme BlackRock.

Conséquences à Long Terme pour le Citoyen
Le programme à long terme pourrait inclure non seulement l'usage des épargnes mais aussi la propriété foncière et immobilière des citoyens. Cela a déjà été observé en Ukraine, où plus de la moitié des terres agricoles sont désormais détenues par des oligarques, démontrant un modèle où les actifs nationaux et individuels sont progressivement absorbés par des intérêts privés sous couvert de sécurisation de dette.

Invitation à la Recherche Personnelle

Je vous ai présenté une analyse de la situation économique et financière actuelle, basée sur mes observations et les informations que j'ai recueillies. Cependant, comprendre pleinement ces enjeux nécessite une exploration personnelle et approfondie. Je vous invite donc à ne pas prendre mes mots pour argent comptant, mais à entreprendre vos propres recherches.

FABRIQUER EN FRANCE, C'EST POSSIBLE : MON EXEMPLE

Introduction au contexte industriel
Dans un monde où la globalisation économique favorise souvent les chaînes d'approvisionnement longues et complexes, choisir de produire localement peut sembler une gageure. Pourtant, la fabrication en France n'est pas seulement possible ; elle peut aussi être compétitive et durable. Ce chapitre explore comment nous avons réussi à défier les normes de l'industrie des machines à glace, dominée par des acteurs internationaux.

Le Dilemme De L'industrie Des Machines À Glace

D'un côté, il y a les machines italiennes, réputées pour leur qualité mais souvent onéreuses en raison des multiples intermédiaires qui gonflent les coûts. De l'autre, les machines produites en Chine, moins chères mais dont le transport, à travers des milliers de kilomètres, contribue significativement à la pollution et à l'empreinte carbone de ces produits.

Notre Approche : Fabrication Et Vente Directe

Nous avons choisi une voie différente pour notre production de machines à glace. En supprimant les intermédiaires et en vendant directement à nos clients, nous avons non seulement réduit les coûts, mais également minimisé notre impact environnemental. Ce modèle de circuit court est notre "secret" pour proposer des prix compétitifs, tout en maintenant une fabrication de qualité supérieure, réalisée en France.

Présentation De Notre Produit

Je suis fier de vous présenter la première et la seule machine à glace à l'italienne fabriquée en France. Cette machine incarne notre engagement envers la qualité, l'économie locale et la durabilité. Elle est le résultat de nombreuses années de recherche, de développement, et d'une passion indéfectible pour l'excellence dans le domaine de la gastronomie.

L'impact Économique Et Environnemental

En choisissant de produire localement, nous contribuons à revitaliser l'industrie manufacturière française et à créer des emplois dans notre région. De plus, en réduisant les distances de transport, nous limitons notre empreinte écologique, conformément à notre engagement envers un développement plus durable et responsable.

Conclusion : Un Modèle Pour L'avenir

Notre expérience montre que fabriquer en France et réussir est non seulement possible mais aussi bénéfique. Cela représente une alternative viable et compétitive aux modèles traditionnels de production et de distribution. Nous espérons que notre exemple inspirera d'autres entreprises à reconsidérer leur manière de produire et à investir dans l'économie française.

MA PREMIÈRE IDÉE :

Imposer des Charges Sociales sur les Produits Importés pour Rééquilibrer l'Économie

Problématique Actuelle
La France, avec l'une des charges sociales les plus élevées du monde, voit ses entreprises locales souvent désavantagées face à la concurrence internationale, en particulier celle des pays où les coûts de main-d'œuvre sont drastiquement plus bas. Cette disparité a conduit à une perte significative de capacités industrielles et d'emplois sur le territoire national.

Proposition de Réforme
Pour contrer cette tendance et encourager un terrain de jeu plus équitable, je propose une réforme où chaque produit importé, pour

lequel une équivalence existe en France, serait soumis à des charges sociales additionnelles. Ces charges seraient alignées sur celles imposées aux produits fabriqués localement.

Justification
Équité économique : En appliquant les mêmes charges sociales sur les produits importés, les produits français deviennent compétitifs sur le marché local, encourageant les consommateurs à privilégier les produits fabriqués en France et soutenant ainsi l'économie locale.

Protection de l'emploi : Cette mesure aiderait à protéger les emplois en France, car les entreprises seraient moins incitées à délocaliser la production pour des raisons de coûts de main-d'œuvre.

Réflexion sur les politiques actuelles : Mentionner que même l'État français a recours à des travailleurs détachés pour éviter de payer les charges illustre parfaitement l'incohérence entre la politique officielle et les pratiques. Cela renforce l'argument pour une réforme systémique.

Implications Pratiques
Cette proposition impliquerait des ajustements dans les accords commerciaux et les régulations douanières. Les produits importés devraient

être clairement identifiés et classifiés selon s'ils ont une équivalence française ou non, nécessitant ainsi une collaboration étroite entre les régulateurs, les entreprises et les douanes.

Impact Potentiel
Sur l'économie : Renforcerait l'industrie française en rendant ses produits plus compétitifs sur le marché intérieur.
Sur l'environnement : Encouragerait la consommation de produits locaux, réduisant ainsi l'empreinte carbone liée au transport international.
Sur la société : Augmenterait la sensibilisation sur l'importance de soutenir l'économie locale et les implications des choix de consommation.
Conclusion
En mettant en œuvre cette réforme, la France pourrait non seulement revigorer son industrie mais également démontrer un engagement fort envers la protection sociale et économique de ses citoyens. Cette démarche pourrait également inciter d'autres pays à réfléchir sur des mesures similaires, favorisant une économie mondiale plus équilibrée et durable.

Pour une Transparence Obligatoire sur la Provenance des Produits : Stopper le Racket Fiscal et Défendre la Production Locale

L'Invasion des Produits Importés et les Dangers Cachés

La France est envahie par des produits importés, et le pire, c'est qu'on vous cache leur origine. Pourquoi cette opacité? Parce que les oligarques qui contrôlent ces importations profitent de vous faire consommer des produits de moindre qualité tout en privant la France d'emplois vitaux. Ils ne veulent pas que vous sachiez la vérité sur ce que vous achetez vraiment.

La Mafia de l'État et le Coût de la Transparence

En tant que fabricant français de machines à glace, je subis directement le poids de cette mafia d'État. Si je veux prouver que mes machines sont fabriquées en France, je dois payer cher pour cette certification. Pendant ce temps, certains de mes concurrents vendent des machines chinoises en affichant "Made in France", alors que seul le sirop qu'elles utilisent est produit localement. Il est urgent de mettre en place une loi plus claire qui expose clairement la provenance réelle des produits.

Le Racket Fiscal et Social en France

En France, si vous voulez fabriquer quelque chose, vous êtes taxé de toutes parts. Plutôt que d'utiliser cet argent pour mettre du personnel à votre service et vous aider à développer votre entreprise, l'État utilise votre argent pour vous contrôler et vous racketter encore plus. C'est le triste portrait du racket fiscal et social français.

Le Cycle Destructeur pour les Entrepreneurs

Lorsqu'une entreprise commence à fléchir sous le poids des dettes, au lieu de recevoir de l'aide, elle est souvent liquidée, et c'est l'État qui récupère l'argent, pas les fournisseurs. On s'en moque, car il y aura toujours un autre "crétin" pour construire son projet avec ses économies et, lui aussi, se fera plumer par l'État. Ce cycle incessant décourage l'entrepreneurship et détruit notre tissu économique.

Proposition de Solution

Nous devons exiger une transparence totale sur la provenance des produits. Une loi claire qui pénalise les entreprises qui trompent les consommateurs et qui récompense ceux qui soutiennent l'économie locale par une production authentiquement française. Cette mesure protégerait non seulement les consommateurs mais encouragerait également un environnement économique plus juste et durable.

L'EUROPE C'EST MAL

Le Cycle Infernal des Gaz Réfrigérants en Europe : Une Destruction Programmée de l'Industrie Locale

Introduction au Problème

L'Europe, souvent vue comme une entité progressiste en matière d'écologie, utilise en réalité des régulations environnementales d'une manière qui, paradoxalement, nuit à ses propres industries tout en favorisant des pratiques douteuses à l'étranger. Prenons l'exemple des gaz réfrigérants utilisés dans les systèmes de refroidissement et les machines à glace.

Le Cycle Des Brevets Et Des Interdictions

Le R22 et le R404A : Pendant des décennies, des gaz comme le R22 ont été utilisés dans l'industrie du froid jusqu'à ce que leur brevet expire. L'Europe, sous la pression des écologistes, a alors promu le R404A comme alternative écologique, distribuant des récompenses et des éloges à ceux qui l'adoptaient. Cependant, dès que le brevet du R404A a approché de sa fin, ce gaz a été déclaré nuisible pour l'environnement et interdit.

Impact en Afrique : Alors que l'Europe interdisait l'utilisation de ces gaz, des pays comme ceux d'Afrique commençaient tout juste à les adopter, créant un double standard flagrant où des pratiques prétendument obsolètes et dangereuses pour l'environnement étaient déplacées plutôt qu'éliminées.

La Nouvelle Interdiction En 2025

Le prochain gaz, qui remplacera le R404A, est déjà sur le point d'être interdit en Europe dès 2025, alors que le reste du monde, y compris les États-Unis, continue à l'utiliser. Cette situation crée une asymétrie où les entreprises européennes sont handicapées par des régulations qui ne s'appliquent pas aux reste du monde.

Comparaison Avec Les États-Unis

Aux États-Unis, une politique plus favorable au développement des entreprises permet non seulement l'utilisation de ces gaz, mais récompense aussi les entreprises qui recyclent les anciens gaz. En Europe, en revanche, récupérer et recycler des gaz anciens est non seulement coûteux mais aussi complexe, avec des frais élevés de gestion et de recyclage.

Conclusion : Un Appel Au Changement

Il est impératif de revoir cette politique européenne qui, sous couvert de protection de l'environnement, semble plutôt servir des intérêts économiques spécifiques, créant des inégalités et handicapant nos industries.

Si l'Europe souhaite véritablement soutenir ses entreprises et protéger l'environnement de manière équitable, elle doit adopter des régulations qui ne punissent pas ses propres industriels tout en permettant aux pratiques douteuses de se poursuivre ailleurs. Il faut une législation plus cohérente, transparente et juste qui protège à la fois notre planète et notre économie locale.

Et Si J'étais Complotiste...

je penserais que l'Europe a peut-être été conçue pour détruire l'industrie de ses propres États,
et pousser ses entreprises à se délocaliser dans un autre pays.
Vous voyez lequel ?

AVERTISSEMENT: LES DÉFIS DE LA RÉFORME ÉCONOMIQUE EN FRANCE

Alors que nous explorons les propositions pour revitaliser l'économie française, il est crucial de reconnaître les obstacles que nous pourrions rencontrer, en particulier de la part des institutions européennes.

L'Europe, avec ses réglementations parfois contraignantes, n'a pas toujours facilité les initiatives nationales visant à promouvoir l'autonomie économique et l'innovation. Ces politiques, bien intentionnées mais souvent rigides, peuvent entraver les efforts de réforme en imposant des barrières qui protègent des intérêts établis plutôt que de favoriser le dynamisme économique.

En poursuivant avec les idées que je propose pour le renouveau économique, gardez à l'esprit que leur mise en œuvre pourrait se heurter à la résistance de ceux qui bénéficient de l'ordre actuel.
Ce n'est pas seulement une question de trouver les bonnes idées, mais aussi de naviguer dans un labyrinthe de réglementations européennes qui, intentionnellement ou non, pourraient empêcher ces idées de se réaliser pleinement. La route vers le changement est semée d'embûches, mais la nécessité de ces réformes est plus grande que jamais.

Allez, c'est parti : Changeons le Monde, en Commencant par la France!

Le Français un individualiste

Briser l'Individualisme pour Revitaliser l'Économie Locale

Nous sommes confrontés à une réalité troublante : les produits importés dominent le marché français, souvent en raison de leur prix inférieur, soutenu par un système fiscal et social lourd qui désavantage la production locale. Ce système enrichit les multinationales qui drainent nos ressources économiques sans contribuer équitablement au bien-être des citoyens.

La question qui se pose est la suivante : comment inciter les Français à soutenir les entreprises locales plutôt que de se tourner systématiquement vers les géants du commerce international ? La réponse peut sembler simple : arrêter d'acheter aux multinationales pour qu'elles perdent de leur influence. Imaginons que tout le monde cesse ses achats chez un grand distributeur comme "Toto le pas beau". Sans entrées d'argent, ces entités ne pourraient pas subsister, laissant la place à des initiatives locales.

Cependant, un défi majeur demeure : l'individualisme inculqué par notre éducation et notre culture qui pousse les consommateurs à prioriser les économies personnelles immédiates plutôt que le bien collectif. Cet individualisme est renforcé par un enseignement qui valorise la compétition et l'autosuffisance au détriment de la coopération et de la solidarité.

Comment alors, dans ce contexte, persuader les gens de choisir les produits issus de leur propre pays, même si cela pourrait représenter un coût initial plus élevé pour eux ? La clé pourrait résider dans la création d'une structure participative où les consommateurs deviennent co-propriétaires des entreprises locales. Si les Français possédaient une part des entreprises comme "Titi le gentil", ils seraient plus enclins à supporter ces entreprises, sachant que les profits générés bénéficieraient directement à son portemonnaie plutôt qu'à des intérêts éloignés.

En impliquant les consommateurs directement dans le succès de leurs choix de consommation locale, nous pourrions non seulement renforcer l'économie locale, mais aussi instaurer un sentiment de responsabilité et de propriété qui contrerait l'individualisme rampant et favoriserait un changement durable dans les habitudes de consommation.

IMPULSION VERS UN CHANGEMENT CHEZ LES MULTINATIONALES

En adoptant une approche où les consommateurs sont directement impliqués dans la propriété et les bénéfices des entreprises locales, nous pourrions initier une transformation profonde du marché. Ce modèle de participation citoyenne remettrait en question les pratiques actuelles des grandes chaînes et des multinationales, les poussant vers une nécessaire adaptation.

La Réaction des Multinationales

Face à une concurrence renouvelée où les entreprises locales soutenues par leurs propres clients commencent à reprendre des parts de marché, les multinationales se verraient obligées de revoir leurs stratégies. L'effet immédiat de la pression exercée par les consommateurs engagés pourrait les contraindre à proposer des produits qui respectent non seulement les normes éthiques mais aussi valorisent la production française.

Stratégies d'Adaptation

Pour rester compétitives, ces grandes entreprises pourraient commencer à intégrer des produits issus de producteurs français dans leurs offres, en mettant en avant leur origine et leur conformité avec des critères éthiques exigeants. Elles pourraient également investir dans des pratiques de production plus durables et transparentes pour répondre aux attentes des consommateurs de plus en plus conscients et exigeants.

Impact à Long Terme

Cette dynamique pourrait engendrer un cercle vertueux, où l'éthique et la provenance locale deviennent des critères de choix prédominants pour tous les acteurs du marché. Les multinationales, pour ne pas perdre leur pertinence, devraient non seulement adapter leurs produits mais aussi leurs méthodes de production et leur chaîne d'approvisionnement pour aligner avec les valeurs de responsabilité sociale et environnementale.

En transformant la manière dont les consommateurs et les entreprises interagissent, nous pouvons envisager une économie où les pratiques équitables et locales ne sont pas seulement un créneau, mais la norme. L'engagement des consommateurs devient alors un puissant levier de changement, influençant les politiques des entreprises à l'échelle mondiale et contribuant à une économie plus juste et durable.

Le Défi du Financement des Initiatives Citoyennes

Alors que nous envisageons de promouvoir un système où les entreprises locales sont soutenues et partiellement détenues par les citoyens, une question majeure se pose : qui financera ces entreprises pour qu'elles produisent localement des biens et services, notamment de la nourriture et autres produits essentiels ? Cette interrogation est cruciale, surtout dans un contexte où les entreprises cherchent à adopter des pratiques éthiques et durables.

LA PROBLÉMATIQUE DU FINANCEMENT TRADITIONNEL

Traditionnellement, les entreprises se tournent vers les banques pour obtenir des prêts afin de démarrer ou d'élargir leurs activités. Cependant, dans notre contexte actuel, de nombreuses banques sont réticentes à prêter aux petites entreprises et aux startups, surtout à celles qui opèrent sous des modèles commerciaux non conventionnels ou axés sur la durabilité, perçus comme plus risqués. Le manque de soutien financier des banques est un obstacle majeur pour les entrepreneurs qui aspirent à un impact local positif.

LIMITATIONS DU CROWDFUNDING

En outre, bien que le crowdfunding ait émergé comme une alternative prometteuse pour contourner les canaux de financement traditionnels, ce secteur aussi rencontre des défis. Initialement conçu comme une plateforme permettant aux citoyens de soutenir directement des projets qui les inspirent, le crowdfunding a progressivement été coopté par de grandes entités financières. Ces dernières ont souvent transformé ces plateformes pour qu'elles opèrent sous des critères tout aussi restrictifs que ceux des banques traditionnelles, éloignant ainsi le concept de ses racines démocratiques et citoyennes.

UNE QUESTION OUVERTE

Cette situation nous amène à une impasse apparente : si les banques ne prêtent pas et si les plateformes de crowdfunding ne remplissent plus leur rôle initial de soutien accessible, comment les initiatives locales pourront-elles obtenir le financement nécessaire pour démarrer et prospérer ? La réponse à cette question est vitale pour l'avenir du Made in France et pour la viabilité des systèmes économiques qui favorisent les citoyens et la production locale.

DÉCOUVERTE DE LA SOLUTION : REALT

Mais la solution à ces défis de financement est déjà là, à portée de main. Elle vient d'une approche innovante que j'ai découverte, appelée RealT. C'est une initiative qui utilise la technologie blockchain pour révolutionner l'investissement immobilier, mais son modèle a le potentiel d'être appliqué bien au-delà.

Qu'est-ce que RealT ?

RealT est une plateforme basée aux États-Unis qui permet d'investir dans l'immobilier via la blockchain. La particularité de RealT est qu'elle rend l'investissement immobilier accessible à tous, en fractionnant les propriétés en parts numériques, appelées "tokens". Chaque token représente une fraction de propriété d'un bien immobilier et est vendu à un prix abordable, ce qui permet à un large éventail de personnes d'investir avec des montants initiaux modestes.

Je vous met un Qr code pour voir le projet

Le Fonctionnement de RealT

Voici comment cela fonctionne : une maison d'une valeur de 100 000 euros peut être divisée en 2 000 tokens à 50 euros chacun. Les investisseurs peuvent acheter autant de tokens qu'ils le désirent et commencent à recevoir des revenus locatifs proportionnels à leur investissement. Cette approche démocratise l'accès à l'investissement immobilier et distribue les bénéfices de manière équitable parmi un plus grand nombre de personnes.

Potentiel d'Application dans

D'autres Secteurs

L'approche de RealT n'est pas seulement pertinente pour l'immobilier. Imaginez appliquer ce modèle à des entreprises locales produisant des biens ou des services. En permettant aux consommateurs d'acheter des tokens représentant une part d'une entreprise locale, nous pourrions financer efficacement des initiatives axées sur le bien-être communautaire et la durabilité, tout en offrant aux citoyens la chance de profiter directement des fruits de leur investissement.

MISE EN PLACE D'UN NOUVEAU MODÈLE ÉCONOMIQUE PARTICIPATIF

Envisageons un système où nous transcendons la lourdeur des impôts traditionnels et des charges sociales, pour adopter un modèle d'investissement participatif direct par les citoyens. Imaginons que chaque Français investisse 50 € par mois dans ce système. Avec une limite mise en place pour éviter que le contrôle ne revienne aux entités dominantes actuelles, nous pourrions créer une dynamique économique entièrement nouvelle.

Calcul du Potentiel Financier

Si 50 millions de personnes investissent chacune 50 € par mois, cela représenterait 2,5 milliards d'euros chaque mois. Avec un tel budget, nous pourrions commencer par financer des entreprises qui répondent à des besoins essentiels mais qui sont souvent contrôlées par des oligarques. Par exemple, une entreprise qui construit des routes et des infrastructures, ou encore des conserveries pour produire des aliments sains et équitables.

Structuration des Entreprises

Nous pourrions établir des entreprises dans chaque région qui produiraient pour leur propre marché local, créant ainsi des emplois et réduisant les coûts de transport, ce qui est à la fois bénéfique pour l'économie et pour l'environnement. Ces entreprises régionales pourraient même être encouragées à entrer en concurrence les unes avec les autres pour stimuler l'innovation et l'efficacité.

Approvisionnement et Production

Ces nouvelles entreprises achèteraient leurs matières premières auprès de fournisseurs locaux ou éthiques, assurant que l'argent investi reste dans l'économie locale et contribue à sa vitalité. Avec un budget mensuel de plus de 2 milliards d'euros, il serait possible de relancer de manière significative le secteur des produits de première nécessité.

Expansion et Innovation

Une fois ce système établi pour les besoins de base, nous pourrions nous attaquer à des secteurs plus larges comme l'innovation technologique, les énergies renouvelables, et d'autres domaines essentiels pour l'avenir. Le potentiel pour transformer notre économie et notre société avec ces investissements est immense.

RÉINVENTER LA PHARMACIE : VERS UN LABORATOIRE ÉTHIQUE

Le secteur pharmaceutique, souvent dominé par ce que l'on appelle "Big Pharma", soulève de nombreuses préoccupations. Ces géants de l'industrie sont souvent accusés de privilégier les profits au détriment de la santé des patients, en développant des traitements qui assurent une dépendance à long terme plutôt que des cures. Face à cette réalité, une question se pose : à qui appartiennent réellement ces entreprises ? Et si nous pouvions créer une alternative qui remette l'éthique au cœur de la pharmacie ?

Création d'un Laboratoire

Pharmaceutique Éthique

Imaginons un nouveau type de laboratoire pharmaceutique, un laboratoire qui se préoccuperait réellement de ses clients et qui chercherait à les soigner plutôt que de les enfermer dans un cycle de traitement à vie. Ce laboratoire serait guidé par des principes éthiques forts, se concentrant sur le développement de médicaments véritablement bénéfiques pour la santé des patients sans chercher à maximiser les profits à tout prix.

Recrutement des Chercheurs

Pour réaliser ce projet, il serait essentiel de recruter les meilleurs chercheurs du monde. Ces talents, souvent absorbés par les grandes multinationales pharmaceutiques, pourraient être attirés par la perspective de travailler sur des projets qui ont un réel impact positif sur la santé mondiale. Proposer un environnement de travail où l'intégrité et l'innovation sont valorisées pourrait convaincre de nombreux chercheurs de rejoindre cette cause.

Changement de Paradigme

En établissant un tel laboratoire, nous pourrions non seulement offrir une alternative aux pratiques de Big Pharma mais aussi redéfinir les normes de l'industrie pharmaceutique. Ce laboratoire deviendrait un modèle de comment les entreprises pharmaceutiques peuvent opérer de manière responsable et transparente, mettant la santé des individus avant les profits.

INVESTIR DANS L'AUTONOMIE TECHNOLOGIQUE ET LES SEMI-CONDUCTEURS

Dans un monde où la technologie évolue à une vitesse fulgurante, l'indépendance technologique est cruciale pour la sécurité et la prospérité économique d'un pays. Les semi-conducteurs, composants vitaux de presque tous les appareils électroniques modernes, sont au cœur de cette révolution. Actuellement, la production de semi-conducteurs est largement dominée par quelques pays, laissant de nombreuses nations, y compris la France, en position de dépendance.

L'Importance des Semi-Conducteurs

Les semi-conducteurs sont essentiels non seulement pour les appareils de consommation comme les smartphones et les ordinateurs, mais aussi pour des applications critiques telles que la défense, l'espace et les infrastructures de communication. Développer une capacité nationale de fabrication de semi-conducteurs est donc une question de souveraineté nationale.

Blockchain et Autonomie

Parallèlement, la blockchain offre des opportunités de renforcer la sécurité, la transparence et l'efficience des processus dans divers secteurs, y compris dans la finance, la logistique et au-delà. En investissant dans la recherche et le développement de technologies basées sur la blockchain, la France pourrait non seulement améliorer son infrastructure technologique mais aussi encourager l'innovation locale.

Financement de la Recherche et du Développement

Pour que la France puisse réaliser ces ambitions, il est essentiel d'investir massivement dans la recherche et le développement de nouvelles technologies. Un modèle de financement participatif, similaire à celui proposé pour les autres industries, pourrait être utilisé. En permettant aux citoyens d'investir dans des projets technologiques via des tokens ou des parts, nous pourrions collectivement financer le développement de semi-conducteurs et de technologies blockchain Made in France.

Produits Made in France

En assurant que ces technologies soient non seulement développées mais aussi produites en France, nous renforcerions notre autonomie tout en créant des emplois de haute technologie sur le territoire national. Cela contribuerait également à un écosystème technologique dynamique et innovant, capable de concurrencer sur la scène mondiale.

L'Urge du Livre et des Solutions Proposées

Le livre que je suis en train d'écrire est d'une

urgence capitale. Les solutions que j'y propose ont le potentiel de changer le monde, de relancer l'économie et de permettre à ceux qui travaillent de vivre dignement. Cependant, je suis actuellement submergé par mes responsabilités professionnelles. Nous sommes en pleine saison des glaces, je dois ouvrir une nouvelle boutique, terminer mes formations en ligne et promouvoir mes machines à glace. En conséquence, je n'ai pas eu le temps de peaufiner et de reclasser le livre de manière parfaite.

LES PRIORITÉS DU LIVRE

Dans un premier temps, je me concentre sur ce qui est urgent pour relancer l'économie. J'explique comment les réformes fiscales, la suppression des charges sociales et l'éradication des diverses formes de racket dont les citoyens sont victimes peuvent transformer notre société. Il est crucial de revoir notre système pour qu'il cesse d'étouffer ceux qui travaillent dur et contribuent activement à l'économie.

UN SYSTÈME ÉCONOMIQUE PARTICIPATIF

Je propose également un système citoyen innovant qui permettrait de créer des emplois et d'encourager chaque individu à investir et à recevoir des dividendes. Ce système viserait à donner plus de pouvoir aux citoyens dans la prise de décisions, en évitant l'ingérence des politiciens et des organismes supranationaux comme l'Union européenne actuelle, qui souvent ne servent pas les intérêts du peuple.

UNE EUROPE POUR LES CITOYENS

Pour une Europe vraiment bénéfique, il faut éliminer l'influence des politiciens et des instances décisionnelles éloignées des réalités des citoyens. Une bonne Europe doit être construite sans politiciens ni "soviét suprême", mais avec des citoyens qui votent les lois et sont consultés régulièrement. Cela garantirait que les décisions prises soient réellement bénéfiques pour la population et non pour enrichir les multinationales.

LA NÉCESSITÉ D'UN CHANGEMENT PROFOND

Il est essentiel de se poser la question chaque fois qu'une nouvelle loi est votée ou qu'un politicien fait une déclaration : "À qui cela profite-t-il réellement ?". Les soins gratuits pour tous, financés par les contribuables, sont souvent présentés comme des mesures humanitaires, mais en réalité, ils enrichissent certaines entreprises pharmaceutiques. Demandez-vous combien ces politiciens ont reçu des lobbyistes pour promouvoir de telles idées. De la même manière que les influenceurs sur les réseaux sociaux vendent des chimères, les politiciens agissent souvent sans scrupules, motivés par des intérêts personnels.

Conclusion
Ce livre, bien qu'imparfait et avec quelques

répétitions dues à un manque de temps pour le relire et le réorganiser correctement, propose des idées et des solutions potentiellement révolutionnaires. J'invite chaque lecteur à réfléchir et à questionner les véritables bénéficiaires des politiques actuelles. En mettant en œuvre les idées présentées, nous pouvons construire un système plus juste et équitable pour tous.

FABIEN GRIS

Mes projets mes idées

Je viens de lancer un produit à fort potentiel
la glace 3 D

Dans le cadre de notre engagement continu à innover dans le domaine de la gastronomie et du divertissement, je suis fier de présenter notre projet révolutionnaire : les glaces en 3D. Ces sucettes glacées ne sont pas des glaces ordinaires ; elles sont conçues pour captiver et charmer. Imaginées spécifiquement pour les lieux touristiques, les événements locaux ou même comme cadeaux d'entreprise, nos glaces en 3D peuvent prendre la forme de monuments célèbres, de personnages historiques, ou de tout autre design qui pourrait refléter l'esprit de votre marque ou de votre événement.

Idéal Pour Une Multitude D'occasions

Que ce soit pour augmenter l'attrait d'une destination touristique, enrichir l'expérience lors d'événements publics ou privés, ou offrir un cadeau mémorable et délicieux à vos visiteurs et clients, nos glaces en 3D sont parfaites. Chaque sucette est une œuvre d'art comestible, conçue avec soin pour garantir non seulement un goût exquis mais aussi une présentation impressionnante.

Personnalisation Complète

Nous offrons un service de personnalisation complet : vous pouvez choisir la forme, la taille, et les saveurs de vos glaces en 3D. Nous travaillons en étroite collaboration avec nos clients pour s'assurer que chaque création respecte un cahier des charges technique précis, garantissant ainsi que le produit final est non seulement beau mais aussi parfaitement adapté à vos besoins spécifiques.

Intéressé? Contactez-Nous!

Si vous êtes intéressé par la possibilité de distribuer ces glaces innovantes ou de les proposer lors de vos prochains événements, n'hésitez pas à me contacter. Nous sommes prêts à collaborer pour créer des glaces uniques qui enrichiront vos offres et surprendront agréablement vos clients ou invités.

Ensemble, explorons comment ces glaces en 3D peuvent transformer votre prochain événement en une expérience inoubliable. Rejoignez-nous dans cette aventure gourmande et novatrice, et ensemble, changeons le monde du dessert, une sucette à la fois!

disponible sur www.glace3d.fr

Projet 2 : "Les Glaces d'Auvergne"

Nous sommes ravis d'annoncer le lancement de notre nouvelle entreprise, "Les Glaces d'Auvergne", qui propose une gamme exquise de crèmes glacées artisanales. Fidèles à la tradition et à la qualité, nos glaces sont fabriquées à partir du pur lait des fermes d'Auvergne, reconnues pour leur excellence laitière.

Des Crèmes Glacées Authentiques Et Locales

Chez "Les Glaces d'Auvergne", nous nous engageons à offrir des produits qui célèbrent le goût authentique du terroir. Chaque cuillère de notre crème glacée transporte les saveurs riches et onctueuses du lait frais des vaches élevées dans les pâturages verdoyants de l'Auvergne. Notre processus de fabrication artisanal garantit que chaque lot de crème glacée est soigneusement préparé, avec une attention particulière portée à la qualité et à la fraîcheur.

Une Option Sans Sucre, Mais Toujours Délicieuse

Pour ceux qui surveillent leur consommation de sucre ou qui ne peuvent pas en consommer, nous offrons également une gamme complète de glaces sans sucre ajouté. Ces délices sont parfaitement adaptés pour se faire plaisir tout en gardant un corps d'athlète ou en respectant des restrictions diététiques. Nos glaces sans sucre conservent toute la richesse et le goût authentique que vous attendez de "Les Glaces d'Auvergne".

Options D'achat Flexibles

"Les Glaces d'Auvergne" s'adresse à une large gamme de clients, offrant des options d'achat en gros, demi-gros, et au détail. Que vous soyez un distributeur cherchant à enrichir votre offre de produits, un détaillant souhaitant proposer des glaces uniques, ou un particulier désireux de savourer nos créations chez vous, nous avons des solutions adaptées à vos besoins.

Visitez Notre Site Web

Pour en savoir plus sur notre gamme de crèmes glacées et pour découvrir comment vous pouvez les déguster ou les vendre, visitez notre site web à www.glacesdauvergne.fr. Nous sommes impatients de partager avec vous le goût inégalé de l'Auvergne à travers nos délicieuses créations glacées.

Pour Les Amateurs De Saveurs Pures

Que vous soyez un gourmand en quête de nouvelles expériences gustatives ou un commerçant désireux de proposer des produits distinctifs et de haute qualité, "Les Glaces d'Auvergne" est votre destination idéale. Nous offrons une variété de parfums, chacun rendant hommage à la richesse gastronomique de la région.

Visitez Notre Site Web

Pour en savoir plus sur notre gamme de crèmes glacées et pour découvrir comment vous pouvez les déguster ou les vendre, visitez notre site web à www.glacesdauvergne.fr. Nous sommes impatients de partager avec vous le goût inégalé de l'Auvergne à travers nos délicieuses créations glacées.

Projet 3 : Changez de Vie - Devenez Vendeur de Glace Artisanale

Assez De Votre Routine Quotidienne?

Si vous aspirez à un changement de carrière et êtes passionné par l'entrepreneuriat, nous offrons une formation idéale pour ceux qui désirent apprendre à fabriquer de la glace et démarrer leur propre entreprise de glaces artisanales.

Apportez Du Bonheur Autour De Vous

Imaginez un métier où chaque interaction avec vos clients est marquée par un sourire. Devenez vendeur de glace et observez la joie dans les yeux des enfants lorsqu'ils reçoivent une glace faite par vos soins. Embrassez une carrière où apporter du bonheur est au cœur de votre activité quotidienne.

Notre Programme De Formation

Notre programme vous prépare à exceller dans l'industrie des glaces artisanales avec des compétences en:

Techniques de fabrication : Apprenez les méthodes pour créer des glaces et des sorbets savoureux, en utilisant des ingrédients frais et de qualité.
Gestion d'entreprise : Acquérez des connaissances essentielles en gestion, comptabilité et marketing pour lancer et maintenir un commerce prospère.
Création et innovation de produits : Développez vos propres saveurs et découvrez comment innover pour vous distinguer sur le marché.

Rejoignez Notre Communauté

En vous inscrivant à notre formation, vous intégrez une communauté de passionnés qui partagent votre enthousiasme pour la glace et l'entrepreneuriat. Ensemble, nous pouvons transformer le paysage de la glace artisanale et offrir des moments mémorables à nos clients.

Pour plus d'informations sur nos formations et pour débuter votre aventure dans le monde des glaces artisanales, visitez notre site web ou contactez-nous directement. Nous sommes ici pour vous accompagner dans la réalisation de votre rêve de devenir un vendeur de glace artisanale reconnu.

visiter notre site web www.formation-glacier.fr et abonnez vous à notre chaine www.youtube.com/Gris .

UNE VISION POUR LE NOUVEAU MILLÉNAIRE

À l'aube d'une nouvelle ère, ce livre s'adresse à chaque citoyen désireux de reprendre le contrôle de son économie et de son avenir. En France, la concentration de la richesse et du pouvoir entre les mains d'une élite oligarchique a longtemps dicté le cours de nos vies, limitant les opportunités pour le citoyen moyen de participer véritablement à l'économie nationale. Mais imaginez un monde où chaque Français pourrait être non seulement un consommateur, mais aussi un investisseur actif dans les entreprises essentielles qui façonnent notre quotidien : de la production alimentaire, des soins de santé, jusqu'à l'industrie de l'armement, essentielle pour garantir notre autonomie stratégique.

Cette vision est désormais à portée de main grâce à la tokenisation, un modèle économique révolutionnaire qui permet de démocratiser l'investissement et de mutualiser nos ressources financières. Si chaque Français investit même modestement, comme 50 euros par mois, nous pourrions collectivement générer 2,5 milliards d'euros chaque mois. Ce capital immense pourrait être utilisé pour financer des entreprises citoyennes dans des secteurs vitaux, créant des emplois, renforçant notre autonomie nationale, et assurant une répartition plus équitable des richesses.

UN CHANGEMENT NÉCESSAIRE DANS LA GESTION DE NOTRE ÉPARGNE

Dans un environnement économique où la transparence devrait être primordiale, il est crucial de comprendre comment nos épargnes, spécialement celles placées dans des livrets A, sont utilisées. Récemment, des ajustements dans la loi de finances ont permis à ces fonds d'être orientés vers le financement de l'industrie de l'armement. Cette décision pourrait sembler éloignée de nos préoccupations quotidiennes, mais elle a des implications directes sur notre économie et notre société. Elle montre une tendance où, sans une vigilance appropriée, l'argent du public peut finir par servir des projets qui profitent principalement à une élite économique.

Cet état de fait soulève une question fondamentale : si nous laissons ces décisions se prendre sans notre intervention, les bénéfices de telles entreprises continueront de profiter à une minorité. Cependant, il existe une alternative prometteuse qui peut nous permettre de reprendre le contrôle sur notre économie : la mise en place de systèmes de financement participatif comme la tokenisation. Ce modèle offre à chaque citoyen la possibilité de devenir investisseur dans des projets qui lui tiennent à cœur, qu'il s'agisse de l'industrie cinématographique, de la production agricole, ou même de l'armement dans une perspective de défense nationale.

En choisissant d'investir collectivement, nous ne nous contentons pas de diversifier nos options économiques ; nous créons également des opportunités pour que les profits générés bénéficient directement à la communauté des investisseurs — c'est-à-dire à nous tous. Cela représente une véritable révolution dans notre manière de concevoir l'investissement et le développement économique, en plaçant le pouvoir et les profits entre les mains des citoyens eux-mêmes, et non pas isolés au sommet de la pyramide économique.

Ce livre propose donc de découvrir comment, ensemble, nous pouvons transformer notre système économique pour qu'il serve l'intérêt général et non une poignée de bénéficiaires. En partageant ces informations et en s'engageant à prendre part activement à ce nouveau modèle économique, nous pouvons contribuer à construire une économie plus équitable et plus autonome. Il est temps d'explorer ces nouvelles voies et de devenir les acteurs principaux de notre propre avenir économique.

Un Nouveau Souffle pour le Cinéma Français

Dans un monde où le cinéma façonne non seulement nos loisirs mais aussi nos convictions, il est impératif que la France redéfinisse son identité cinématographique. Dominé par des récits hollywoodiens où les héros américains sauvent inlassablement le monde, le cinéma mondial risque de perdre son âme, emportant avec lui la richesse de sa diversité culturelle. Face à ce défi, le cinéma français se trouve à une croisée des chemins, confronté à la nécessité impérieuse de forger un chemin qui résonne avec authenticité et vérité à travers ses propres récits.

Comment pouvons-nous, en tant que nation, permettre à notre cinéma de captiver, de questionner et d'inspirer ? Comment pouvons-nous transformer nos écrans en espaces de débat, de rêve et de réflexion, plutôt que de les laisser devenir des vecteurs de manipulation subtile orchestrée par des intérêts éloignés de nos réalités ? Il est temps de réveiller l'esprit critique de notre cinéma, de le libérer des chaînes des financements sans âme et des récits formatés qui étouffent la créativité et la diversité.

Le cinéma français doit se réinventer, et cette métamorphose commence par un retour aux fondamentaux : raconter des histoires qui importent vraiment, qui reflètent les joies, les luttes, les échecs et les espoirs de la vie française et globale. Il est temps de rejeter les productions stériles qui dilapident notre potentiel et de briser le cycle des films "de merde" qui dépriment plus qu'ils n'éveillent.

Nous avons l'opportunité de redéfinir le cinéma non comme un simple divertissement, mais comme une force vitale de notre culture, un pilier de notre identité nationale et un ambassadeur de nos valeurs sur la scène mondiale. En cultivant un cinéma qui inspire, qui engage et qui émeut, nous pouvons non seulement redonner confiance aux citoyens mais aussi positionner la France comme le phare d'un nouvel âge d'or cinématographique, où chaque film est une fenêtre ouverte sur nos vies, nos rêves et nos réalités.

1. REPENSER LE RÔLE DU CINÉMA : AU-DELÀ D'HOLLYWOOD

Le cinéma américain, avec ses blockbusters et ses récits héroïques, exerce une influence considérable sur les perceptions mondiales. Les films d'Hollywood, souvent centrés sur des figures héroïques américaines, ont le pouvoir de redéfinir des histoires, de modeler des héros et des méchants à leur guise, influençant subtilement les opinions et les attitudes à l'échelle globale. Cette domination narrative n'est pas simplement une question de divertissement; elle façonne la politique, la culture et les relations internationales.

Face à cette influence omniprésente, le cinéma

français se trouve à un tournant crucial. Il est impératif que nous, en tant que nation, cultivions une narrative cinématographique qui soit fidèle à nos propres valeurs, à notre histoire et à notre vision du monde. Le cinéma français doit transcender l'imitation des formules d'Hollywood pour explorer des voies qui reflètent la complexité et la richesse de la société française.

Nous devons embrasser et promouvoir des récits qui non seulement divertissent mais qui inspirent, qui questionnent et qui résonnent avec les enjeux contemporains vus à travers le prisme français. Il est essentiel de proposer des films qui engagent les spectateurs sur des sujets profonds, qui provoquent la réflexion et qui stimulent le dialogue, plutôt que de se conformer à un modèle qui perpétue des stéréotypes et des simplifications excessives.

L'alternative française devrait chercher à inspirer confiance et fierté parmi les citoyens, en mettant en avant des histoires de résilience, d'innovation, et de solidarité qui caractérisent l'esprit français. En valorisant les réalisateurs qui osent aborder des sujets délicats avec nuance et sensibilité, et en soutenant des productions qui mettent en lumière des talents diversifiés et des perspectives multiples, le cinéma français peut se réinventer et redevenir un leader culturel mondial.

Cette nouvelle vision du cinéma français ne se limitera pas à un contrepoint culturel d'Hollywood; elle aspire à être une voix unique et puissante sur la scène mondiale, une voix qui célèbre la diversité et la complexité humaine, et qui redonne aux histoires le pouvoir de changer les cœurs et les esprits. En forgeant notre propre chemin, nous pouvons non seulement diversifier le paysage cinématographique mondial mais aussi enrichir notre propre identité culturelle.

2. DIAGNOSTIQUER LES DÉFAILLANCES DU CINÉMA FRANÇAIS ACTUEL

Le cinéma français est aujourd'hui à un carrefour délicat, entravé par un système de subvention obsolète qui tend à favoriser la médiocrité plutôt que le mérite. Trop souvent, ces subventions alimentent des projets cinématographiques qui résonnent peu ou pas avec le public, engloutissant des ressources financières cruciales et sapant la vitalité créative de notre industrie. Ces "films de merde", comme ils sont tristement nommés, ne font pas que gaspiller de l'argent; ils démoralisent, ils épuisent notre énergie collective et creusent un gouffre d'indifférence entre les cinéastes et les spectateurs.

La déception vient non seulement du contenu souvent insipide de ces films mais aussi de leur incapacité à toucher, à émouvoir, ou à inspirer. Au lieu d'enrichir le tissu culturel, ils le délitent, laissant derrière eux un public désengagé et frustré. C'est un cercle vicieux où les talents prometteurs sont noyés sous le poids de la complaisance et du conformisme, poussés à produire des œuvres qui ne défient ni ne dépassent les attentes.

Pour briser ce cycle et revitaliser le cinéma français, une réforme radicale du système de subventions s'impose. Il est essentiel de restructurer ce modèle pour qu'il encourage et récompense l'innovation, la diversité des voix et des perspectives, et surtout, pour qu'il amplifie les vibrations positives qui sont le cœur battant de toute société dynamique. Nous devons soutenir des projets qui captivent l'imagination, qui reflètent les nuances de la vie contemporaine et qui célèbrent la richesse de notre patrimoine culturel.

La réforme devrait également favoriser une transparence accrue et une allocation des fonds basée sur des critères clairs de qualité artistique et de potentiel de résonance sociale. En faisant cela, nous pouvons non seulement fermer la porte à la médiocrité mais également ouvrir grand la scène à des histoires qui méritent d'être racontées — des histoires qui éclairent, qui interpellent et qui unissent.

Cette nouvelle ère du cinéma français ne doit pas être une utopie. Avec courage et détermination, nous pouvons transformer notre industrie pour qu'elle devienne un phare de créativité et d'innovation, redonnant aux créateurs et au public la confiance que le cinéma peut être à la fois un miroir de notre réalité et un rêve de ce que nous aspirons à être.

3. FINANCEMENT PARTICIPATIF ET DÉMOCRATISATION DU CINÉMA

Dans une ère où l'efficacité de chaque euro est scrutée, il devient impératif de repenser le financement du cinéma français pour qu'il cesse de dépendre des subventions étatiques, souvent perçues comme une source de gaspillage des fonds publics. Embrassant l'ère de la technologie et de l'innovation, le modèle de tokenisation, inspiré par des initiatives réussies dans le secteur immobilier telles que RealT, offre une alternative prometteuse. Cette approche révolutionnaire pourrait radicalement transformer notre manière de financer le cinéma en France.

La tokenisation permettrait à chaque citoyen de devenir un acteur direct de la production cinématographique, non seulement en investissant dans des films mais aussi en partageant les bénéfices générés. Cette méthode de financement participatif introduit une dimension démocratique profondément nécessaire, où les films sont littéralement "par et pour" le peuple. En impliquant directement les citoyens, nous assurons que les projets reflètent véritablement les aspirations et les idéaux de la société française.

Imaginez une plateforme où les citoyens peuvent proposer, financer et bénéficier des succès de leurs investissements cinématographiques. Cette plateforme pourrait également servir de tremplin pour de nouveaux talents — acteurs, réalisateurs, scénaristes — qui, loin des circuits traditionnels, pourraient émerger grâce à des formations et des opportunités créées au sein de cet écosystème. Cela marque une rupture avec le système actuel, où souvent "les fils de..." ou des groupes fermés dominent, laissant peu de place aux nouveaux entrants.

En outre, face à un cinéma qui semble à court d'inspiration, se contentant de remakes ou de suites sans fin, cette démarche participative pourrait injecter une nouvelle vitalité créative. Les citoyens pourraient proposer des idées originales, des histoires qui n'ont pas encore été racontées, des perspectives fraîches qui enrichissent le paysage cinématographique. La diversité des propositions pourrait garantir que le cinéma français ne recycle pas seulement des idées mais innove véritablement.

L'introduction de la tokenisation dans le financement du cinéma pourrait ainsi créer un cercle vertueux : en valorisant l'investissement des citoyens, on stimule la production de films qui ont une résonance culturelle et commerciale plus forte. Cela pourrait non seulement dynamiser l'économie cinématographique mais aussi redonner aux Français le sentiment d'appartenance et d'influence sur leur culture cinématographique.

Le cinéma ne doit plus être une chasse gardée de quelques-uns, mais un domaine où chacun peut jouer un rôle, où chaque voix a la chance d'être entendue. En démocratisant le financement, nous ne faisons pas que changer la manière de produire des films; nous transformons également la relation entre le cinéma et ses spectateurs, les rendant acteurs de la culture qu'ils consomment et apprécient.

Courant Alternatif : Vers une Révolution Citoyenne dans le Secteur de l'Électricité en France

TRANSFORMER LE SECTEUR DE L'ÉLECTRICITÉ EN FRANCE : UNE INITIATIVE CITOYENNE

La France, grâce aux investissements publics massifs, a développé une infrastructure nucléaire robuste, conçue pour fournir de l'électricité à moindre coût à ses citoyens. Cependant, ce système a été progressivement détourné sous l'influence de ce que beaucoup appellent la "mafia européenne". Des réformes réglementaires orchestrées par l'Union européenne et des acteurs économiques puissants ont contraint EDF à vendre son électricité à des concurrents à des tarifs artificiellement bas, censés stimuler la concurrence et baisser les prix pour le consommateur.

Malheureusement, cet idéal de marché libre n'a pas porté ses fruits comme prévu. Au lieu de cela, les consommateurs français ont vu les prix de l'électricité doubler, alors que des intermédiaires profitent de cette structure pour engranger des bénéfices significatifs, souvent au détriment de l'utilisateur final. Ces manœuvres ont renforcé les oligarques sans améliorer la situation des citoyens ordinaires, qui paient désormais plus cher pour une électricité qui était auparavant considérée comme un bien public.

Face à cette situation, une alternative prometteuse émerge : la création d'une entreprise citoyenne d'électricité. Cette entreprise serait financée et gérée par les contributions des Français eux-mêmes, utilisant un modèle de tokenisation pour permettre à chaque citoyen d'investir et de devenir co-propriétaire de cette entité. L'objectif serait de vendre l'électricité à prix coûtant aux membres de cette entreprise, ou même de redistribuer les bénéfices en cas de surplus ou de changements réglementaires imposés par l'Union européenne.

Cette approche pourrait révolutionner le marché de l'électricité en France, en éliminant les intermédiaires qui gonflent les coûts sans fournir de valeur ajoutée. En plaçant le pouvoir et les profits directement entre les mains des citoyens, cette entreprise ne servirait pas seulement à baisser les prix de l'électricité, mais aussi à renforcer la démocratie économique et à redonner aux Français le contrôle sur une de leurs ressources les plus essentielles.

L'idée n'est pas seulement de protester contre le système actuel, mais de proposer une solution viable qui pourrait potentiellement redéfinir l'interaction entre les citoyens, l'économie et les ressources énergétiques. En participant activement à cette entreprise, chaque Français pourrait non seulement voir une réduction de ses factures d'électricité, mais aussi jouer un rôle actif dans un modèle économique plus juste et transparent.

Le constat est sans appel : une fraction infime de la population mondiale détient une part disproportionnée de sa richesse et de ses ressources. Ces multinationales, véritables états dans l'état, opèrent avec une logique unique de profit, souvent au détriment de l'éthique, de l'environnement, et des droits les plus fondamentaux des travailleurs et des consommateurs. Leur influence s'étend bien au-delà de l'économique, infiltrant les sphères politique et sociale, et dessinant un futur où la voix du citoyen semble de plus en plus étouffée.

Face à ce constat, l'inaction n'est plus une option. Ce livre propose donc une méthode, un guide pratique pour les citoyens désireux de reprendre en main leur destin économique et social. Il s'articule autour du concept d'entreprise citoyenne, une structure économique démocratique, transparente, et équitable, où les bénéfices sont partagés et les décisions prises collectivement.

L'objectif est clair : montrer qu'il est possible de contrer le pouvoir monopolistique des multinationales en optant pour une consommation responsable, en investissant dans l'économie locale, et en participant activement à la création et à la gestion d'entreprises qui placent l'humain et l'environnement au cœur de leurs préoccupations.

Cet ouvrage est une invitation à l'action, un appel à la mobilisation pour un futur où l'économie travaille pour l'homme et non l'inverse, un futur où chaque citoyen est acteur et bénéficiaire de son économie. L'heure est venue de bâtir ensemble une société plus juste, durable, et équitable.

Partie I : Diagnostique du Système Actuel

LE POUVOIR DES MULTINATIONALES

Dans une ère définie par la mondialisation et la libéralisation des marchés, les multinationales ont acquis une influence sans précédent. Leur pouvoir s'étend bien au-delà de la sphère économique, infiltrant les politiques publiques, les normes sociales, et même l'identité culturelle des nations. Ces entités, par leur capacité à opérer à l'échelle globale, bénéficient d'avantages compétitifs qui leur permettent de dominer les marchés, d'écraser la concurrence locale, et de dicter les termes de l'échange économique international.

IMPACT SUR L'ÉCONOMIE ET LA SOCIÉTÉ

Concentration du Marché : La dominance des multinationales conduit à une concentration du marché préjudiciable à la diversité économique et à l'innovation. Cette situation crée des oligopoles dans de nombreux secteurs, limitant le choix des consommateurs et augmentant les barrières à l'entrée pour les nouvelles entreprises.

Influence sur les Politiques : Grâce à des ressources financières considérables, les multinationales exercent une influence disproportionnée sur les politiques publiques et les régulations, souvent au détriment de l'intérêt général.

DÉSÉQUILIBRES ÉCONOMIQUES ET SOCIAUX

La puissance des multinationales contribue à exacerber les déséquilibres économiques et sociaux, creusant les inégalités à une échelle tant locale que globale. En délocalisant la production vers des pays à faible coût de main-d'œuvre, elles maximisent leurs profits tout en contribuant à une course vers le bas en termes de conditions de travail et de standards environnementaux.

PROBLÉMATIQUES SOCIO-ÉCONOMIQUES

Inégalités Croissantes : Les pratiques des multinationales, en favorisant une accumulation de richesse au sommet, contribuent à l'élargissement du fossé entre les riches et les pauvres, à la fois au sein des pays et entre les nations.

Précarisation du Travail : La recherche constante de réduction des coûts conduit à une précarisation du travail, avec des conséquences désastreuses sur les droits des travailleurs et la qualité de l'emploi.

DÉGRADATION DE L'ENVIRONNEMENT SOCIAL ET ÉTHIQUE

L'impact des multinationales ne se limite pas à l'économie et à la société; il s'étend également à l'environnement et à la sphère éthique. La surexploitation des ressources naturelles, la dégradation de l'environnement, et le non-respect des normes éthiques dans les chaînes d'approvisionnement sont autant de facettes de cette problématique.

ENJEUX ENVIRONNEMENTAUX ET ÉTHIQUES

Impact Environnemental : Les activités des multinationales sont souvent associées à des dommages environnementaux considérables, y compris la pollution, la déforestation, et la perte de biodiversité.

Éthique et Responsabilité Sociale : Malgré les discours sur la responsabilité sociale des entreprises, de nombreuses multinationales sont impliquées dans des scandales liés au non-respect des droits humains, à la corruption, et à d'autres pratiques contraires à l'éthique.

Partie II : Théorie du Projet Citoyen

FONDEMENTS DE L'ENTREPRISE CITOYENNE

Au cœur de la lutte contre la concentration du pouvoir économique et pour la justice sociale se trouve le concept révolutionnaire de l'entreprise citoyenne. Cette idée repose sur la conviction que l'économie doit servir l'intérêt général et être gérée de manière démocratique par ses acteurs les plus impactés : les citoyens eux-mêmes.

PRINCIPES DE BASE

Propriété Collective : Les entreprises citoyennes sont détenues et contrôlées par les communautés qu'elles servent, assurant que les bénéfices économiques sont redistribués équitablement parmi ceux qui ont investi.

Décision Démocratique : Les décisions au sein de ces entreprises sont prises de manière démocratique, chaque membre ayant une voix dans les décisions clés, promouvant ainsi une gestion transparente et responsable (DAO).

Responsabilité Sociale et Environnementale : Elles s'engagent à respecter les principes de durabilité, d'équité sociale, et de responsabilité éthique, mettant l'accent sur le bien-être de la communauté et la protection de l'environnement.

DIFFÉRENCES CLÉS

Participation et Mérite : Contrairement à l'approche communiste, où les ressources sont distribuées selon les besoins, l'entreprise citoyenne valorise la participation active et récompense les contributions individuelles, tout en assurant une répartition équitable des bénéfices.

Flexibilité et Innovation : Les entreprises citoyennes encouragent l'innovation et l'adaptabilité, permettant une diversité d'approches et de modèles économiques qui peuvent coexister et se compléter, contrairement à la rigidité souvent associée aux systèmes communistes.

Autonomie Locale : Ce modèle promeut l'autonomie locale et la prise de décision communautaire, se différenciant ainsi de la centralisation du pouvoir économique et politique caractéristique des régimes communistes.

Entreprises Citoyennes : Modèle Économique et Engagement pour le Made in France

Les entreprises citoyennes incarnent une vision renouvelée de l'entrepreneuriat, où la propriété et les bénéfices sont partagés entre les actionnaires contributeurs et où la direction est récompensée de manière proportionnelle à son impact et sa contribution au succès de l'entreprise. Cette approche vise à concilier performance économique et responsabilité sociale, en mettant l'accent sur le soutien aux initiatives locales et la valorisation du Made in France.

STRUCTURE DE PROPRIÉTÉ ET DE GESTION

Participation des Actionnaires : Les entreprises citoyennes sont partiellement détenues par les actionnaires qui ont participé à leur financement, souvent par le biais de levées de fonds participatives. Cette structure assure que les bénéfices générés sont répartis équitablement parmi ceux qui ont contribué au capital initial de l'entreprise.

Rémunération de la Direction : Pour attirer et retenir les talents nécessaires à la gestion efficace de ces entreprises, il est crucial que la rémunération des dirigeants (gérants, présidents, etc.) soit compétitive et liée aux performances de l'entreprise. Cela inclut des incitations basées sur la réalisation d'objectifs sociaux, environnementaux et économiques, garantissant que la direction œuvre pour l'intérêt commun autant que pour la croissance financière.

PRIORISATION DU MADE IN FRANCE ET DU LOCAL

Soutien aux Secteurs Stratégiques : Les entreprises citoyennes devraient privilégier des domaines où le besoin de transparence, d'équité et d'innovation est criant, tels que le secteur médical pour les équipements coûteux (scanners, dispositifs médicaux), la production de semi-conducteurs, et d'autres biens où l'indépendance nationale est en jeu.

Non-Concurrence et Complémentarité : L'objectif n'est pas de créer une concurrence directe avec les entreprises existantes, mais plutôt de combler les lacunes du marché, en se concentrant sur des secteurs sous-exploités ou sur des produits et services où il existe un abus de position dominante ou des prix injustifiés.

Valorisation du Local : En mettant l'accent sur le Made in France, ces entreprises contribuent non seulement à l'économie locale mais favorisent également la création d'emplois de qualité et la réduction de l'empreinte écologique liée à l'importation de biens et services.

DISTINCTION D'UN SYSTÈME COMMUNISTE

Système Entrepreneurial : Il est essentiel de souligner que le modèle des entreprises citoyennes n'est pas synonyme de communisme. Il s'agit d'un système entrepreneurial qui valorise l'innovation, la compétitivité et la performance, tout en intégrant des principes de justice sociale et de partage équitable des richesses créées.

Engagement pour l'Intérêt Commun : Les entreprises citoyennes représentent une forme d'économie sociale de marché, où la recherche du profit est équilibrée par la poursuite de l'intérêt général, la responsabilité environnementale et l'engagement social.

Conclusion
Les entreprises citoyennes proposent un modèle innovant pour repenser la manière dont les

affaires sont conduites, en plaçant l'éthique, la responsabilité et le partage au cœur de l'activité économique. En privilégiant les investissements dans des secteurs stratégiques pour l'autonomie et la résilience nationales, et en rémunérant justement les talents qui mènent ces entreprises vers le succès, ce modèle peut contribuer à une société plus juste, durable et prospère. L'invitation est lancée à tous les acteurs de l'économie à participer à ce mouvement vers un avenir où le succès d'une entreprise se mesure non seulement à ses résultats financiers mais aussi à sa contribution positive à la société et à l'environnement.

LA BLOCKCHAIN AU SERVICE DE LA TRANSPARENCE ET DE L'ÉQUITÉ

L'intégration de la technologie blockchain dans le concept d'entreprise citoyenne ouvre des horizons inédits pour la transparence, la sécurité, et la démocratie économique.

RÔLE DE LA BLOCKCHAIN

Transparence des Transactions : La blockchain permet d'enregistrer de manière sécurisée et immuable toutes les transactions financières, garantissant une transparence totale dans la gestion des ressources.

Gouvernance Démocratique : Grâce aux contrats intelligents, la blockchain peut faciliter la prise de décision collective et automatiser la distribution équitable des bénéfices, assurant une participation démocratique effective de tous les membres.

Sécurité et Confiance : En éliminant les intermédiaires et en sécurisant les données, la blockchain réduit les risques de fraude et renforce la confiance entre les membres de l'entreprise citoyenne.

Partie III : Mise en Place du Projet Citoyen

CHAPITRE 7 : ENCOURAGER LES CITOYENS À CHOISIR LES ENTREPRISES CITOYENNES

La réussite du projet citoyen dépend de sa capacité à mobiliser les consommateurs autour des valeurs de responsabilité, de transparence et d'équité. Pour ce faire, plusieurs stratégies peuvent être mises en œuvre :

Sensibilisation et Éducation : Lancer des campagnes d'information visant à sensibiliser le public à l'importance de soutenir l'économie locale et les entreprises citoyennes. Cela comprend l'organisation d'ateliers, de conférences et l'utilisation des réseaux sociaux pour diffuser les principes et les avantages du projet citoyen.

Label de Qualité : Créer un label ou une certification reconnaissable pour les produits issus des entreprises citoyennes, garantissant aux consommateurs la qualité, l'éthique, et la durabilité des produits qu'ils achètent.

Incitations Économiques : Proposer des avantages économiques tels que des prix compétitifs, des réductions pour les membres de la communauté, et des programmes de fidélité pour encourager l'achat de produits des entreprises citoyennes.

CHAPITRE 8 : MODÈLES ÉCONOMIQUES POUR LE PARTAGE DES BÉNÉFICES

Pour assurer la viabilité et l'attractivité du projet citoyen, il est crucial de développer des modèles économiques innovants qui favorisent un partage équitable des bénéfices :

Dividendes Citoyens : Mettre en place un système de dividendes citoyens où les bénéfices générés par les entreprises citoyennes sont redistribués aux citoyens-actionnaires, renforçant ainsi le lien entre la contribution individuelle et les retours collectifs.

Réinvestissement Communautaire : Allouer une partie des bénéfices au réinvestissement dans des projets d'intérêt communautaire, tels que l'amélioration des infrastructures locales, le soutien à l'éducation et la santé publique, et le financement de nouvelles initiatives entrepreneuriales.

Économie de Partage : Encourager les modèles basés sur l'économie de partage, où les ressources et les compétences sont mutualisées, optimisant ainsi l'utilisation des biens et des services tout en réduisant les coûts pour les participants.

CHAPITRE 9 : PLANS POUR LE DÉMARRAGE

La mise en œuvre concrète du projet citoyen nécessite une planification minutieuse et une stratégie de démarrage bien définie :

Création d'Usines pour les Produits de Base : Identifier les besoins essentiels de la communauté (eau, alimentation, vêtements) et établir des usines de production locales gérées de manière démocratique et éthique. L'accent doit être mis sur les technologies durables et les pratiques de production respectueuses de l'environnement.

Entreprise de Travaux Publics Citoyenne : Fonder une entreprise de travaux publics sous contrôle citoyen pour réduire les coûts des infrastructures et garantir que les projets d'utilité publique soient réalisés dans l'intérêt de la communauté et non pour maximiser les profits privés.

Écoles de Formation pour Entrepreneurs : Créer des programmes d'éducation et de formation dédiés aux entrepreneurs aspirants, avec un focus sur l'économie sociale, la gestion d'entreprise citoyenne, et les compétences en leadership éthique. Cela inclut la formation à l'utilisation de technologies innovantes comme la blockchain pour la transparence et l'efficacité.

Conclusion de la Partie III

La mise en place du projet citoyen est un processus ambitieux qui repose sur la participation active de la communauté, l'innovation économique et la solidarité. En adoptant des stratégies ciblées pour encourager les citoyens à choisir les entreprises citoyennes, en développant des modèles de partage des bénéfices justes et inclusifs, et en planifiant soigneusement les étapes de démarrage, il est possible de construire une économie plus équitable et durable. Ce chapitre offre un guide pratique pour transformer l'idéal du projet citoyen en réalité tangible, marquant le début d'une ère nouvelle où l'économie est véritablement au service de l'humain.

Partie IV : Secteurs Clés et Études de Cas

CHAPITRE 10 : SECTEURS CLÉS À TRANSFORMER

La transformation vers un modèle économique centré sur les entreprises citoyennes nécessite une focalisation stratégique sur des secteurs clés. Ces domaines sont essentiels non seulement pour répondre aux besoins fondamentaux des citoyens mais aussi pour poser les bases d'une société durable et équitable.

Alimentation : Le secteur de l'alimentation est primordial pour assurer la sécurité alimentaire et promouvoir des pratiques agricoles durables. Les entreprises citoyennes dans ce secteur peuvent transformer les systèmes de production, de distribution, et de consommation pour favoriser l'accès à une alimentation saine et locale.

Eau : L'accès à l'eau potable est un droit humain fondamental. La gestion de l'eau par des entreprises citoyennes garantirait une distribution équitable et une utilisation durable des ressources en eau, en opposition aux modèles de privatisation qui peuvent restreindre l'accès et augmenter les coûts.

Vêtements : Le secteur de la mode est notoire pour ses impacts environnementaux négatifs et ses pratiques de travail souvent éthiquement douteuses. Des entreprises citoyennes dans ce domaine pourraient révolutionner l'industrie en adoptant des pratiques de production éthiques, durables, et transparentes.

Éducation : Transformer le secteur de l'éducation en adoptant des modèles d'entreprises citoyennes pourrait garantir un accès équitable à l'éducation de qualité, en mettant l'accent sur l'apprentissage tout au long de la vie, l'éducation civique, et la préparation à une économie collaborative.

Recherche et Développement : La R&D est cruciale pour l'innovation et le progrès. En se concentrant sur les besoins sociaux plutôt que sur le profit, les entreprises citoyennes peuvent orienter la recherche vers des solutions aux défis environnementaux, sanitaires, et sociaux.

CHAPITRE 11 : ÉTUDES DE CAS

Étude de Cas 1 : Coopérative Agricole Citoyenne - Cette coopérative, basée en France, a réussi à créer un système alimentaire local et durable qui soutient les agriculteurs locaux tout en fournissant des produits frais et abordables aux consommateurs. Grâce à un modèle de gouvernance participative, elle assure une répartition équitable des bénéfices et une prise de décision démocratique.

Étude de Cas 2 : Gestion de l'Eau par la Communauté - À Detroit, une initiative citoyenne a repris le contrôle de la distribution de l'eau pour lutter contre les coupures d'eau et les prix exorbitants imposés par les fournisseurs privés. Ce projet a non seulement assuré l'accès à l'eau pour tous mais a également mis en place des pratiques de conservation et de gestion durable des ressources en eau.

Étude de Cas 3 : Marque de Vêtements

Éthique - Une entreprise de mode basée au Bangladesh fonctionne sur un modèle d'entreprise citoyenne, offrant des conditions de travail justes, une rémunération équitable, et en utilisant des matériaux durables. Son succès commercial montre qu'il est possible de concilier éthique, qualité, et rentabilité.

Étude de Cas 4 : Plateforme Éducative Collaborative - Cette plateforme, créée en Scandinavie, permet aux étudiants de tous âges d'accéder à des cours et des ressources pédagogiques de haute qualité, contribuant à l'égalité d'accès à l'éducation. Elle est gérée et développée par une communauté d'éducateurs, d'étudiants, et de professionnels.

Étude de Cas 5 : Institut de Recherche Participatif - Cet institut, spécialisé dans les énergies renouvelables, adopte un modèle d'innovation ouverte où chercheurs, citoyens, et entreprises collaborent pour développer des solutions énergétiques durables. Ce modèle permet de réduire les coûts de recherche tout en accélérant le développement de technologies propres.

Conclusion de la Partie IV
Les secteurs clés identifiés et les études de cas présentées illustrent le potentiel immense des entreprises citoyennes pour transformer notre économie et notre société. Ces exemples réels et théoriques montrent qu'avec une vision

commune, une gouvernance participative, et un engagement envers la durabilité et l'équité, il est possible de créer un système économique qui bénéficie à tous. La partie IV démontre non seulement la faisabilité du projet citoyen mais inspire également action et espoir pour un avenir plus juste et durable.

Chapitre 12 : La Révolution de l'Investissement Immobilier avec RealT

Dans un monde où l'accès à l'investissement immobilier est souvent barré par d'énormes barrières financières et administratives, une nouvelle ère se profile à l'horizon, promettant de démocratiser ce secteur autrefois réservé à une élite. RealT, une entreprise innovante basée sur la technologie blockchain, se présente comme le fer de lance de cette transformation. En proposant un système de tokenisation des biens immobiliers, RealT ouvre les portes de l'investissement immobilier à quiconque souhaite y participer, sans nécessiter de capital conséquent ni de se confronter aux complexités des prêts bancaires traditionnels. Ce chapitre explore le fonctionnement de RealT, illustrant comment cette initiative révolutionnaire permet d'investir dans l'immobilier avec un montant initial modeste, tout en générant des revenus locatifs passifs.

La Tokenisation Immobilière : Un Concept Nouveau

RealT repose sur un principe relativement simple mais profondément innovant : la tokenisation de la propriété immobilière. Cette section détaille le processus de division d'un bien immobilier en plusieurs parts numériques, ou tokens, permettant ainsi une propriété fractionnée et démocratisée.

INVESTISSEMENT ACCESSIBLE ET RENDEMENTS ATTRACTIFS

L'accessibilité est au cœur du modèle de RealT. Ici, nous expliquons comment, avec aussi peu que 50,98 USD, il est possible d'acquérir une part d'un bien immobilier et de bénéficier proportionnellement des revenus locatifs, transformant ainsi l'investissement immobilier de rêve lointain en réalité tangible pour le grand public.

STRUCTURE FINANCIÈRE ET RENDEMENTS

Cette section se penche sur les aspects financiers de l'investissement via RealT, en utilisant l'exemple concret d'une propriété dont la valeur et les revenus locatifs sont précisément définis. On y décortique les coûts, les revenus, et les rendements attendus, offrant une vue claire et transparente du modèle économique de RealT.

Avantages et Potentiel de Croissance
Au-delà de l'accessibilité et des rendements, RealT offre des avantages significatifs en termes de transparence, de liquidité, et de sécurité grâce à l'utilisation de la blockchain. Cette partie explore le potentiel de croissance de RealT et comment cela pourrait remodeler l'avenir de l'investissement immobilier.

Le principe de RealT repose sur la tokenisation des biens immobiliers, une innovation permise par la technologie blockchain. Cette approche démocratise l'accès à l'investissement immobilier, traditionnellement réservé à ceux disposant de capitaux importants ou d'accès au crédit bancaire. En divisant la propriété d'une maison en tokens, RealT permet aux investisseurs de participer au marché immobilier avec un investissement initial relativement faible. Voici une explication détaillée, en utilisant l'exemple mentionné, pour illustrer le fonctionnement de RealT.

FONCTIONNEMENT DE REALT

Tokenisation d'un Bien Immobilier : RealT sélectionne un bien immobilier, évalue sa valeur sur le marché et le potentiel de revenus locatifs. Le bien est ensuite divisé en parts numériques, appelées tokens, chacune représentant une fraction de la propriété du bien.

Achat de Tokens : Les investisseurs peuvent acheter des tokens pour une somme modique, dans cet exemple 50,98 USD par token. Chaque token confère à son détenteur une part de la propriété et, par extension, une part des revenus locatifs générés par le bien.

Distribution des Revenus Locatifs : Les revenus locatifs bruts sont collectés, et après déduction des coûts d'exploitation et des frais de gestion, le revenu net est distribué proportionnellement aux détenteurs de tokens.

Exemple Détaillé
Considérons une maison aux États-Unis évaluée à 152 940 USD. RealT divise cette propriété en 3

000 tokens, chacun au prix de 50,98 USD. Voici comment les revenus et les coûts sont structurés :

Loyer brut annuel : 22 800 USD
Loyer brut mensuel : 1 900 USD
Déductions Mensuelles :

Coûts de gestion : 605 USD
Gestion immobilière (8%) : 152 USD
Plateforme RealT (2%) : 38 USD
Dépenses d'entretien : 150 USD
Impôts fonciers : 190 USD
Assurance : 75 USD
Total des coûts mensuels : 1 210 USD (somme des déductions)
Revenu Net :

Loyer net mensuel (après déductions) : 1 295 USD
Loyer net annuel : 15 540 USD
Coûts Initiaux de l'Investissement :

Prix d'achat du bien : 83 000 USD
Frais d'approvisionnement (10%) : 15 294 USD
Réserve d'entretien initial : 3 800 USD
Réserve pour les rénovations initiales : 48 000 USD
Frais administratifs : 2 500 USD
Frais divers : 350 USD
Investissement total : 152 944 USD (arrondi)
Rendement Attendu :

Le revenu attendu, hors plus-value du capital, est

de 10.16% annuellement.

Tableau Récapitulatif

Catégorie	Montant (USD)
Loyer Brut / An	22,800
Loyer Net / An	15,540
Investissement Total	152,940
Prix par Token	50.98
Revenu Attendu (%)	10.16

AVANTAGES POUR L'INVESTISSEUR

Accès Facilité : L'investissement est accessible dès 50,98 USD, ouvrant l'immobilier à un public plus large.

Revenus Passifs : Les détenteurs de tokens reçoivent une part des revenus locatifs, générant un flux de revenus passifs.

Transparence : La blockchain assure une transparence totale des transactions et des revenus.

Liquidité : Les tokens peuvent être échangés, offrant une certaine liquidité dans un marché traditionnellement illiquide.

Conclusion

RealT révolutionne l'investissement immobilier en le rendant accessible, transparent, et liquide grâce à la blockchain. Cet exemple illustre clairement comment un investissement initial modeste peut permettre de participer au marché immobilier et de générer des revenus passifs, tout en bénéficiant de la sécurité et de la transparence offertes par la technologie blockchain.

Chapitre 13 : Vers une Économie Participative : Application du Modèle de Tokenisation à Divers Secteurs

Introduction
L'innovation introduite par RealT dans le secteur immobilier ouvre une fenêtre sur un avenir où la participation économique et l'investissement sont accessibles à tous.

En s'appuyant sur ce modèle, nous pouvons envisager une structure globale permettant à chaque citoyen d'investir de manière transparente et équitable dans divers secteurs essentiels.

Cette vision s'oppose à la tendance actuelle où les systèmes de financement participatif, initialement conçus pour démocratiser l'investissement, sont progressivement absorbés par les banques, perdant ainsi leur essence participative. Ce chapitre explore comment le concept de tokenisation pourrait transformer non seulement l'économie mais également la société, en mettant l'accent sur la construction d'une économie participative robuste.

VERS UNE STRUCTURE DE TOKENISATION UNIVERSELLE

Démocratisation de l'Investissement : La clé du succès réside dans la capacité à limiter le nombre de tokens qu'un seul investisseur peut détenir, assurant ainsi une distribution équitable et évitant la domination par des "baleines" financières. Cela garantit que tous les citoyens ont la possibilité de participer, bien que la rapidité soit essentielle, comme le montrent les ventes records de propriétés tokenisées.

Capital Collectif pour le Redémarrage Économique : Si chaque Français investissait 100 euros par mois dans ce système, un capital mensuel de 6 milliards d'euros pourrait être généré, offrant un potentiel immense pour revitaliser l'économie nationale.

Construction d'Infrastructures Clés : L'étape

initiale consisterait à établir des structures fondamentales – telles qu'une usine de machines-outils nécessaires à la production industrielle future – suivie de la construction de bâtiments et d'autres installations essentielles, en adoptant un modèle similaire au système de production chinois efficace.

ADAPTATION DU MODÈLE À DIVERS BESOINS

Alimentation et Agriculture : Création de magasins vendant exclusivement des produits issus d'entreprises citoyennes, éliminant les intermédiaires pour offrir des prix plus justes aux consommateurs et des revenus plus élevés aux agriculteurs.

Pharmaceutique : Lancement de notre propre chaîne de production de médicaments, se concentrant sur la fabrication de traitements efficaces mais non rentables pour les grandes firmes pharmaceutiques, avec l'objectif de privilégier la guérison plutôt que le profit.

STRUCTURATION ET ACCOMPAGNEMENT DES PROJETS

Support aux Entrepreneurs : Mettre en place un service d'accompagnement pour les entrepreneurs, leur fournissant les outils, les conseils, et le soutien nécessaires pour éviter les échecs et maximiser les chances de succès.

Innovation et Diversification des Produits : Encourager l'innovation et la diversité dans la production, permettant aux entrepreneurs de répondre spécifiquement à des besoins sans exiger de vastes quantités minimales de production.

Conclusion
En adoptant le modèle de tokenisation à l'échelle de l'économie, nous ouvrons la voie à une réelle démocratisation de l'investissement et à une participation active des citoyens dans

l'économie. Ce chapitre esquisse une vision d'une société où les barrières financières sont abaissées, où les citoyens sont véritablement au cœur du processus économique, et où la transparence et l'équité ne sont pas seulement des idéaux mais des réalités. Le modèle de RealT nous montre qu'il est possible de construire une économie participative qui favorise la solidarité, l'innovation, et une juste répartition des richesses.

Chapitre 21 : Santé et Bien-Être Communautaire

Dans une société où la santé et le bien-être sont souvent conditionnés par des facteurs économiques, la tokenisation et le financement participatif se présentent comme des solutions innovantes pour démocratiser l'accès aux soins et promouvoir une approche holistique du bien-être. Ce chapitre explore les possibilités qu'offrent ces modèles financiers pour transformer le secteur de la santé et du bien-être, en mettant l'accent sur la communauté et l'accessibilité.

ACCÈS PARTICIPATIF AUX SOINS DE SANTÉ

Le financement participatif offre une nouvelle voie pour soutenir et développer des initiatives de soins de santé centrées sur la communauté. En permettant aux individus d'investir directement dans des cliniques, des programmes de santé préventive et l'accès aux médicaments, nous pouvons contribuer à créer un système de santé plus inclusif et réactif aux besoins locaux.

Cliniques Communautaires : Le financement communautaire peut aider à l'ouverture de cliniques offrant des soins de qualité à des tarifs accessibles, surtout dans les zones sous-desservies. Ces cliniques seraient équipées pour répondre à une large gamme de besoins de santé, de la prévention aux soins spécialisés.
Programmes de Santé Préventive : Investir dans

la prévention pour réduire la nécessité de traitements coûteux et améliorer la qualité de vie de la population. Cela inclut des campagnes de vaccination, des dépistages réguliers, et l'éducation à la santé.

Accès aux Médicaments : Soutenir les initiatives qui garantissent l'accès aux médicaments essentiels à des prix justes, en combattant les monopoles et en favorisant les alternatives génériques.

Programmes de Bien-Être

Le bien-être ne se limite pas à l'absence de maladie ; il englobe également la santé mentale, l'activité physique, et l'accès à des environnements sains et apaisants. Le financement participatif peut jouer un rôle clé dans la mise en place de projets visant à améliorer le bien-être général de la communauté.

Espaces Verts et Parcs Communautaires : Les investissements dans des espaces verts urbains offrent des lieux de détente, de jeu, et d'exercice pour tous, contribuant ainsi au bien-être physique et mental de la communauté.

Centres de Fitness Communautaires : Financer la création ou l'amélioration de centres de fitness accessibles à tous, offrant des cours, des équipements et des programmes adaptés à différents âges et capacités.

Programmes de Santé Mentale : Soutenir le développement de services de santé mentale, tels que des lignes d'assistance, des ateliers, et des thérapies de groupe, pour aider à combattre l'isolement, l'anxiété, et d'autres défis psychologiques.

Conclusion

La santé et le bien-être sont des droits fondamentaux, et le financement participatif ainsi que la tokenisation offrent des moyens innovants pour les promouvoir de manière inclusive et durable. En investissant dans des initiatives de soins de santé et de bien-être centrées sur la communauté, nous pouvons contribuer à créer une société où chaque individu a la possibilité de vivre une vie saine et épanouie. Ce chapitre souligne l'importance de repenser notre approche de la santé et du bien-être, en la rendant plus collaborative, accessible et ancrée dans les besoins réels des communautés.

Chapitre 14 : Une Nouvelle Voie vers la Prospérité Personnelle

Introduction au Chapitre

Dans l'économie actuelle, la richesse et les opportunités d'investissement semblent être le privilège de ceux déjà bien établis financièrement. Cependant, l'émergence de modèles économiques innovants et participatifs offre une perspective radicalement différente.

Ce chapitre explore comment un investissement initial modeste, couplé à la magie de l'intérêt composé et à la puissance de l'investissement participatif, peut ouvrir la voie à la prospérité personnelle pour le plus grand nombre. Nous présentons une stratégie accessible et réaliste permettant à chacun, indépendamment de sa situation financière actuelle, de construire un capital significatif. En mettant l'accent sur les entreprises citoyennes et la tokenisation, nous démontrons comment ces investissements peuvent servir de levier non seulement pour la sécurité financière personnelle mais aussi pour l'avancement d'une société plus juste et d'une économie respectueuse de l'environnement.

L'INVESTISSEMENT POUR TOUS

L'objectif de ce chapitre n'est pas seulement de démystifier l'investissement mais de le rendre accessible à tous. Nous explorons comment, avec un apport initial aussi bas que 100 euros, il est possible d'entrer dans le monde de l'investissement et de commencer à bâtir un capital durable. Cette section mettra en lumière le potentiel inexploité de l'investissement participatif et comment, grâce à des plateformes innovantes et à la tokenisation, le champ d'investissement s'élargit, offrant de nouvelles opportunités dans divers secteurs, de l'immobilier à l'agriculture locale, en passant par les énergies renouvelables et bien plus encore.

L'Intérêt Composé : Le Huitième Merveille du Monde
Albert Einstein a un jour qualifié l'intérêt composé de "huitième merveille du monde", affirmant que celui qui le comprend, le gagne, tandis que celui qui ne le comprend pas, le paie. Dans cette section, nous expliquerons en

détail comment l'intérêt composé fonctionne et comment il peut transformer de petits investissements réguliers en fortunes substantielles sur le long terme. À travers des exemples concrets et des calculs simples, nous illustrerons la puissance de l'intérêt composé et son rôle crucial dans la stratégie d'investissement de chacun.

LA TOKENISATION : L'OPPORTUNITÉ D'INVESTIR DANS VOTRE AVENIR

La tokenisation, grâce à la technologie blockchain, offre une nouvelle dimension à l'investissement participatif. Cette section détaillera comment la tokenisation permet de fractionner des actifs en parts plus petites, rendant l'investissement dans des projets d'envergure accessible à tous. En divisant les actifs immobiliers, les infrastructures, ou même les projets d'énergie renouvelable en tokens, chaque investisseur peut posséder une part de ces projets, ouvrant la porte à des rendements attractifs et à la participation à une économie plus verte et plus équitable.

CONSTRUIRE UN CAPITAL EN CONTRIBUANT À L'ÉCONOMIE LOCALE

Investir dans des entreprises citoyennes signifie soutenir l'économie locale et contribuer à une société plus durable. Cette section soulignera comment choisir des investissements qui non seulement offrent un retour financier mais ont également un impact positif sur la communauté et l'environnement. En soutenant des projets qui reflètent vos valeurs, vous pouvez aider à construire une économie qui profite à tous, tout en travaillant à votre propre prospérité.

Conclusion
Loin d'être une utopie, le chemin vers la prospérité personnelle à travers l'investissement participatif et la tokenisation est une réalité

tangible à la portée de tous. Ce chapitre a pour but d'inspirer chaque lecteur à prendre en main son avenir financier, en lui fournissant les outils et les connaissances nécessaires pour commencer. En investissant intelligemment et éthiquement, non seulement vous pouvez atteindre l'indépendance financière, mais vous pouvez également jouer un rôle actif dans la création d'un monde meilleur pour les générations futures.

Partie V : Exploration des Concepts Participatifs

CHAPITRE 15 : INVESTISSEMENT PARTICIPATIF DANS L'IMMOBILIER VIA LA TOKENISATION

Réinventer l'Accès à l'Investissement Immobilier
La tokenisation de l'immobilier représente une avancée majeure dans la démocratisation de l'investissement dans ce secteur traditionnellement réservé aux investisseurs possédant un capital initial important. Ce mécanisme innovant utilise la technologie blockchain pour diviser la propriété d'un bien immobilier en parts numériques, ou "tokens", permettant ainsi un investissement fractionné

accessible à tous. Cette approche ouvre de nouvelles voies pour investir dans l'immobilier, sans les contraintes des prêts bancaires et avec une flexibilité accrue.

PRINCIPAUX AVANTAGES DE LA TOKENISATION IMMOBILIÈRE

Accessibilité : La tokenisation abaisse considérablement le seuil d'entrée pour l'investissement immobilier, permettant aux petits investisseurs de participer à partir de sommes modestes.

Réduction des Risques : L'investissement fractionné permet de diversifier le portefeuille d'investissement immobilier, réduisant ainsi les risques associés aux impayés de loyers ou à la vacance locative. Un investissement de 100 euros, réparti entre plusieurs tokens, minimise l'impact financier d'éventuels problèmes locatifs.

Liquidité : Les tokens peuvent être plus facilement échangés sur des plateformes dédiées, offrant une liquidité sans précédent dans le secteur immobilier.

Rendements Potentiels : Les investisseurs bénéficient d'un partage des revenus locatifs générés par le bien, avec la possibilité de réinvestir ces gains pour acheter davantage de tokens, exploitant ainsi le principe de l'intérêt composé pour accroître leur capital.

Potentiel de Mise en Place

Imaginons la mise en place de ce système en France, où le marché immobilier, riche et diversifié, offre de nombreuses opportunités :

Projets de Construction Neuve : La tokenisation pourrait faciliter le financement participatif de nouveaux développements immobiliers, y compris des projets écologiques et innovants, en permettant aux investisseurs de contribuer directement à la création de logements répondant aux dernières normes environnementales.

Rénovation et Valorisation de l'Ancien : Des bâtiments historiques ou des propriétés nécessitant une rénovation pourraient être acquis et restaurés grâce à des fonds levés par la tokenisation, préservant le patrimoine tout en offrant des rendements attractifs aux investisseurs.

Sécurité et Assurance

Les plateformes de tokenisation envisagent

des mesures de sécurité avancées, incluant des assurances spécifiques pour protéger les investisseurs contre les risques d'impayés et autres aléas locatifs. Ces protections, adossées à la transparence et à l'immutabilité de la blockchain, renforcent la confiance dans ce modèle d'investissement.

Conclusion
La tokenisation de l'immobilier a le potentiel de transformer profondément le paysage de l'investissement, en le rendant plus accessible, flexible et sécurisé. En permettant à un plus grand nombre de personnes d'investir dans l'immobilier avec un capital réduit, ce modèle promet non seulement de démocratiser l'accès à la propriété immobilière mais aussi de stimuler l'innovation et la durabilité dans le secteur. Les perspectives offertes par la tokenisation pourraient bien marquer le début d'une nouvelle ère pour l'investissement immobilier, avec des retombées positives tant pour les investisseurs individuels que pour la société dans son ensemble.

Chapitre 16 : Révolution dans l'Agriculture et l'Alimentation

Coopératives Agricoles Tokenisées : Soutenir

l'Agriculture Locale et Durable

La tokenisation offre une opportunité unique pour réinventer et soutenir l'agriculture locale à travers la création de coopératives agricoles tokenisées. Ce modèle permet aux consommateurs et aux investisseurs de contribuer directement au financement des fermes, en achetant des tokens qui représentent une part de la production ou de la propriété de la ferme. Cela offre plusieurs avantages clés :

Financement Direct : Les agriculteurs peuvent recevoir des fonds nécessaires pour développer leurs exploitations, acheter des équipements ou augmenter leur cheptel sans recourir à des prêts bancaires traditionnels.

Promotion de l'Agriculture Durable : En favorisant les investissements dans des fermes engagées dans des pratiques agricoles durables, la tokenisation encourage une agriculture respectueuse de l'environnement.

Engagement des Consommateurs : Les consommateurs deviennent des acteurs actifs dans le processus agricole, renforçant le lien entre les producteurs et les consommateurs et favorisant une plus grande transparence.

CIRCUITS COURTS ALIMENTAIRES : RENFORCER LA SOUVERAINETÉ ALIMENTAIRE

Les investissements participatifs jouent un rôle crucial dans la création et le soutien de circuits courts alimentaires. En investissant dans des projets qui connectent directement les agriculteurs aux consommateurs, on favorise la souveraineté alimentaire et on lutte contre la malbouffe :

Accès Direct aux Produits Locaux : Les circuits courts permettent aux consommateurs d'avoir accès à des produits frais, locaux et de saison, réduisant ainsi la dépendance aux chaînes d'approvisionnement longues et complexes.

Transparence et Confiance : Savoir d'où viennent les aliments et comment ils sont produits renforce la confiance des consommateurs dans leur alimentation.

Usines de Transformation Équitables et Éthiques
En finançant des usines de transformation locales via la tokenisation, on peut garantir que les produits alimentaires sont traités de manière équitable et éthique, tout en restant dans la logique des circuits courts :

Qualité et Traçabilité : Des usines de transformation locales permettent de maintenir une haute qualité de traitement, avec une traçabilité complète du produit, de la ferme à la table.

Réduction de l'Empreinte Carbone : Moins de transport signifie une réduction significative de l'empreinte carbone, contribuant à la lutte contre le changement climatique.

Exemple d'Application : Tokenisation du Cheptel
Imaginons un agriculteur souhaitant augmenter la taille de son cheptel. La tokenisation permettrait de lever des fonds en offrant des tokens représentant une part du cheptel. Les investisseurs bénéficieraient d'une part des profits générés par la vente des produits (lait, viande, etc.), tout en soutenant l'agriculture locale et durable.

Conclusion

La tokenisation dans l'agriculture et l'alimentation ouvre la porte à une multitude de possibilités pour soutenir et transformer le secteur. En investissant de manière participative, nous pouvons promouvoir une agriculture durable, renforcer les circuits courts alimentaires, et garantir une transformation équitable des produits. Ce modèle non seulement bénéficie à l'économie locale mais contribue également à un système alimentaire plus sain et plus transparent pour tous.

Chapitre 17 : Transformation de l'Énergie et de l'Écologie

La transition vers une économie plus durable et respectueuse de l'environnement est impérative face à la crise climatique actuelle. Les énergies renouvelables, la conservation écologique et la recherche de nouvelles solutions énergétiques sont au cœur de cette transformation. Le financement participatif et la tokenisation offrent des outils puissants pour accélérer cette transition, en permettant à chacun de contribuer activement à ces changements indispensables.

Financement Participatif des Énergies Renouvelables
Les projets d'énergie solaire, éolienne,

hydroélectrique, et les nouvelles formes d'énergie nucléaire sûres et propres sont essentiels pour remplacer les combustibles fossiles. Vous pouvez désormais investir directement dans ces projets grâce à la tokenisation, qui rend l'investissement accessible à tous. En achetant des tokens associés à des projets d'énergies renouvelables, non seulement vous soutenez la transition énergétique, mais vous bénéficiez également d'un retour sur investissement potentiel, tout en contribuant à la production d'une énergie propre.

PROJETS ÉCOLOGIQUES ET DE CONSERVATION

La tokenisation ouvre également la voie au financement de projets écologiques importants, tels que la reforestation, la conservation de la biodiversité, et les initiatives de lutte contre le changement climatique. Par exemple, investir dans des tokens associés à la reforestation permet non seulement de capturer le CO_2 mais aussi de restaurer des habitats naturels essentiels pour la biodiversité. Ces investissements participatifs créent une connexion directe entre votre capital et des actions concrètes pour l'environnement.

VERS DES SYSTÈMES ÉNERGÉTIQUES ET ÉCOLOGIQUES INNOVANTS

La recherche sur de nouveaux systèmes énergétiques à venir est également cruciale. Votre participation peut aider à financer le développement de technologies révolutionnaires, comme les réacteurs nucléaires de quatrième génération, qui promettent de produire de l'énergie de manière encore plus sûre et plus propre. Ces investissements dans l'innovation ouvrent la voie à des solutions énergétiques durables pour l'avenir.

UNE APPROCHE INTÉGRÉE ET PARTICIPATIVE

Ce chapitre souligne votre rôle essentiel dans la transformation de notre monde. En choisissant où et comment investir votre argent, vous avez le pouvoir de soutenir une transition vers des sources d'énergie renouvelables, de participer à des efforts de conservation significatifs, et de financer la recherche en énergies propres. La tokenisation et le financement participatif ne sont pas seulement des outils financiers ; ils sont des véhicules de changement, permettant à chacun de jouer un rôle actif dans la création d'un avenir durable.

La transformation de l'énergie et de l'écologie grâce à la tokenisation et au financement participatif n'est pas seulement une possibilité ; c'est une réalité en cours de construction. En investissant dans ces domaines, vous contribuez à un mouvement global vers un monde plus propre, plus vert et plus juste.

Chapitre 18 : Chaîne de TV et Médias : Vers un Financement Participatif pour une Information Fiable

L'ère de l'information dans laquelle nous vivons est marquée par un flux constant de données, où la vérité est souvent masquée ou altérée par divers intérêts. La nécessité de médias libres, honnêtes et neutres n'a jamais été aussi cruciale, surtout face à des campagnes de désinformation de grande envergure. Ce chapitre explore la possibilité de révolutionner le paysage médiatique par le financement participatif et la tokenisation, proposant un modèle où les bénéfices des médias sont partagés et où l'intégrité de l'information est préservée.

MÉDIAS FINANCÉS ET GÉRÉS PAR LA COMMUNAUTÉ

Imaginez un monde où les chaînes de télévision et les plateformes médiatiques sont financées non pas par des intérêts corporatifs ou des lobbies, mais par la communauté elle-même. Dans ce modèle, les investisseurs participatifs achètent des tokens représentant une part de la propriété des médias. Cette approche assure une indépendance éditoriale, les décisions étant guidées par les valeurs et les intérêts de la communauté plutôt que par ceux de quelques annonceurs ou actionnaires majoritaires.

PROMOUVOIR L'HONNÊTETÉ ET LA NEUTRALITÉ

Les médias financés par la communauté auraient pour mandat de fournir une information vérifiée et honnête. Ils s'engageraient à débusquer les faits, à démystifier les manipulations et à présenter une information équilibrée. Lorsqu'un politique affirme quelque chose d'incorrect ou de trompeur, ces médias prendraient la responsabilité d'enquêter, de vérifier et de présenter la vérité, sans crainte de perdre des financements ou de subir des pressions extérieures.

EXEMPLES DE MANIPULATIONS MÉDIATIQUES

Le Bacon au Petit Déjeuner : Revenir sur comment des campagnes marketing ont transformé les habitudes alimentaires, souvent au détriment de la santé publique.

Le Coca-Cola comme Boisson Désaltérante : Analyser les stratégies publicitaires qui ont positionné des boissons sucrées comme choix sains, malgré les preuves scientifiques contraires.

La Politique et les Finances Européennes : Examiner les affirmations des politiques sur la contribution et les bénéfices relatifs à l'appartenance à l'Union Européenne, en fournissant une analyse factuelle et détaillée.

MÉCANISME DE FINANCEMENT ET DE PARTICIPATION

Les tokens ne serviraient pas uniquement de moyen de financement, mais aussi d'outil de participation pour les spectateurs et les investisseurs. Ceux-ci auraient la possibilité de voter sur les grandes orientations éditoriales, de proposer des sujets d'investigation et même de participer à certaines décisions clés. Ce mécanisme renforcerait le lien entre les médias et leur audience, assurant que les contenus produits répondent véritablement aux besoins et aux préoccupations des citoyens.

Conclusion
L'ambition de créer des médias financés et gérés par la communauté, grâce au financement participatif et à la tokenisation, offre une vision prometteuse pour l'avenir de l'information.

Dans ce modèle, l'intégrité journalistique et la responsabilité envers la vérité prévalent sur les intérêts commerciaux ou politiques. En investissant dans des médias libres et honnêtes, nous pouvons contribuer à construire une société mieux informée, plus critique et plus démocratique, où le pouvoir de l'information est remis entre les mains de ceux à qui elle est destinée : les citoyens.

Chapitre 19 : Innovation dans l'Éducation et la Recherche

L'éducation et la recherche sont les piliers sur lesquels repose le progrès d'une société. Dans un monde en constante évolution, le modèle traditionnel d'éducation, souvent critiqué pour son approche uniforme et son incapacité à favoriser l'esprit critique et entrepreneurial, doit être repensé. Ce chapitre explore comment le financement participatif et la tokenisation peuvent révolutionner l'éducation et la recherche, en créant des institutions éducatives innovantes et en soutenant la recherche participative qui répond aux défis contemporains.

ÉCOLES ET UNIVERSITÉS CITOYENNES : VERS UN NOUVEAU MODÈLE ÉDUCATIF

Imaginons des écoles et universités financées et gérées par la communauté, où l'objectif principal est de cultiver des esprits curieux, critiques, et innovants. Dans ces institutions citoyennes, l'éducation ne se limite pas à la transmission de connaissances standardisées ; elle vise à développer le potentiel entrepreneurial de chaque individu et à encourager l'innovation au service de la société.

Personnalisation de l'Apprentissage : Proposer des parcours éducatifs personnalisés qui reconnaissent et développent les talents uniques de chaque étudiant, en s'éloignant de l'approche "taille unique" prévalente dans le système traditionnel.

Entrepreneuriat et Innovation : Intégrer l'entrepreneuriat et l'innovation dans le curriculum, en préparant les étudiants à devenir des acteurs de changement, capables d'améliorer la vie des autres à travers leurs idées et leurs entreprises.

Soutien à la Recherche Participative : Financer l'Avenir

La recherche participative financée par la communauté ouvre de nouvelles voies pour explorer des solutions aux problèmes mondiaux, des maladies aux défis technologiques, en passant par les questions sociales.

Démocratisation de la Recherche : Permettre à chacun de contribuer au financement de projets de recherche fondamentale ou appliquée, rendant la recherche moins dépendante des financements traditionnels, souvent limités et compétitifs.

Orientation Communautaire : Prioriser les projets de recherche qui ont un impact direct sur la vie des gens, en s'assurant que les avancées scientifiques et technologiques bénéficient à tous, et pas seulement à une élite.

Exemple d'Application : La Tokenisation au Service de l'Éducation et de la Recherche

Financement d'Innovations Éducatives : Utiliser la tokenisation pour lever des fonds destinés à des projets éducatifs avant-gardistes, comme des écoles expérimentales axées sur la pédagogie alternative ou l'apprentissage par projets.

Soutien aux Chercheurs Indépendants : Offrir aux chercheurs indépendants la possibilité de financer leurs travaux grâce à des contributions communautaires, favorisant ainsi une recherche diversifiée et centrée sur des questions d'intérêt public.

Conclusion

L'avenir de l'éducation et de la recherche réside dans notre capacité à innover et à repenser les modèles existants. En adoptant des approches de financement participatif et en exploitant le potentiel de la tokenisation, nous pouvons créer des institutions éducatives qui préparent réellement les individus à relever les défis de demain et soutenir une recherche qui améliore concrètement la vie des gens. Ce chapitre souligne l'importance de transformer l'éducation et la recherche en processus inclusifs, accessibles et orientés vers l'innovation, où chaque citoyen a la possibilité de contribuer et de bénéficier des avancées collectives.

Chapitre 20 : Réinventer le Cinéma à travers la Tokenisation

Le cinéma a le pouvoir de façonner nos rêves, nos espoirs, et même notre perception du monde. Cependant, l'industrie cinématographique, tant en France qu'aux États-Unis, est souvent critiquée pour sa tendance à reproduire des schémas narratifs usés ou à servir d'outil de manipulation idéologique. Ce chapitre explore comment la tokenisation peut dynamiser le cinéma français, en favorisant la création de films qui inspirent, motivent et reflètent une diversité d'expériences et de perspectives, loin des clichés et des influences des lobbys.

VERS UN CINÉMA INSPIRANT ET ACCESSIBLE

La tokenisation offre une opportunité unique de financer la production cinématographique d'une manière qui démocratise l'accès aux ressources et ouvre le champ des possibles pour des histoires authentiques et inspirantes.

Financement Participatif de Films : Grâce à la tokenisation, les projets cinématographiques peuvent être financés directement par la communauté. Chaque token acheté représente une part de la propriété du film, permettant aux investisseurs de participer aux bénéfices générés.

Diversification des Narrations : En offrant une plateforme de financement accessible à tous, la tokenisation encourage une diversité de voix dans l'industrie cinématographique. Les histoires marginalisées et les perspectives innovantes peuvent trouver leur place sur grand écran, enrichissant le paysage cinématographique.

CHANGEMENT DE PARADIGME

Des Héros Français Sauvant le Monde : En finançant des films où des héros français jouent un rôle central dans des récits captivants et positifs, on peut contribuer à remodeler l'image de la France sur la scène mondiale et renforcer le moral national.

Contre la Morosité et la Manipulation : En mettant l'accent sur des films qui donnent de l'espoir et inspirent, plutôt que sur des productions sombres financées par des fonds publics, on encourage une vision plus optimiste et constructive de la société.

Nouvelles Opportunités pour les Talents

La tokenisation peut également révolutionner la manière dont les talents sont découverts et promus dans l'industrie cinématographique.

Ouverture à de Nouveaux Acteurs : En s'affranchissant des réseaux traditionnels de la communauté artistique, la tokenisation permet à de nouveaux acteurs et créateurs de participer à l'industrie, offrant une chance à ceux qui sont extérieurs aux cercles établis.

Financement de Films à Gros Budget : La capacité de lever des fonds de manière participative ouvre la porte à la production de films à gros budget en France, capables de rivaliser sur la scène internationale tout en restant fidèles à une vision artistique authentique et inspirante.

INNOVATION TECHNIQUE AU SERVICE DE LA CRÉATIVITÉ

Dans la poursuite d'un renouveau cinématographique, il est essentiel de doter les créateurs des meilleurs outils possibles. La tokenisation ne se limite pas au financement de la production de films ; elle peut également révolutionner l'infrastructure technique du cinéma français. Imaginons le financement participatif de centres de montage et de post-production équipés des dernières technologies, rendus accessibles aux producteurs et réalisateurs. Ce "Big Hollywood à la française" serait un hommage vibrant aux pionniers français du cinéma, rappelant au monde entier que la France a joué un rôle fondamental dans l'invention de cet art.

Centres de Montage Innovants : En investissant

dans des centres équipés de technologies de pointe pour le montage, les effets spéciaux, et le son, la France pourrait se positionner à l'avant-garde de la production cinématographique mondiale. Ces centres, financés par la communauté à travers la tokenisation, seraient ouverts à tous les créateurs, leur offrant la possibilité de réaliser des œuvres au potentiel technique et artistique maximisé.

Démocratisation de l'Accès aux Technologies : L'objectif est de briser les barrières économiques qui empêchent les talents émergents d'accéder aux meilleurs outils de création. En mettant ces technologies à la disposition d'un plus grand nombre de producteurs, la tokenisation favorise une diversité de voix et de visions dans le cinéma français.

Un Hommage aux Inventeurs du Cinéma : En créant un écosystème cinématographique qui allie innovation et accessibilité, la France rendrait un hommage vivant aux frères Lumière et à tous ceux qui ont contribué à l'histoire du cinéma. Ce projet rappellerait au monde que la France n'est pas seulement le berceau du cinéma, mais continue d'être un acteur clé de son avenir.

Conclusion La vision d'un cinéma financé et enrichi par la tokenisation est ambitieuse et porteuse d'espoir. Elle représente une opportunité de redéfinir l'industrie non seulement à travers les histoires qu'elle raconte, mais aussi par la manière dont elle les raconte.

En soutenant financièrement la création de films inspirants et la mise en place d'infrastructures de pointe pour la post-production, la France peut réaffirmer son rôle de leader dans le domaine cinématographique.

Les centres de montage financés par la communauté et équipés des dernières technologies seraient un pilier de cette transformation, assurant que les producteurs et réalisateurs français disposent des outils nécessaires pour concrétiser leurs visions les plus audacieuses.

Avec la tokenisation, le cinéma français peut non seulement rendre hommage à son passé glorieux mais aussi tracer la voie vers un avenir où il continue d'émerveiller, d'inspirer et de faire rêver le monde entier.

Chapitre 21 : Santé et Bien-Être Communautaire

Dans une société où la santé et le bien-être sont souvent conditionnés par des facteurs économiques, la tokenisation et le financement participatif se présentent comme des solutions innovantes pour démocratiser l'accès aux soins et promouvoir une approche holistique du bien-être. Ce chapitre explore les possibilités qu'offrent ces modèles financiers pour transformer le secteur de la santé et du bien-être, en mettant l'accent sur la communauté et l'accessibilité.

ACCÈS PARTICIPATIF AUX SOINS DE SANTÉ

Le financement participatif offre une nouvelle voie pour soutenir et développer des initiatives de soins de santé centrées sur la communauté. En permettant aux individus d'investir directement dans des cliniques, des programmes de santé préventive et l'accès aux médicaments, nous pouvons contribuer à créer un système de santé plus inclusif et réactif aux besoins locaux.

Cliniques Communautaires : Le financement communautaire peut aider à l'ouverture de cliniques offrant des soins de qualité à des tarifs accessibles, surtout dans les zones sous-desservies. Ces cliniques seraient équipées pour répondre à une large gamme de besoins de santé, de la prévention aux soins spécialisés.
Programmes de Santé Préventive : Investir dans

la prévention pour réduire la nécessité de traitements coûteux et améliorer la qualité de vie de la population. Cela inclut des campagnes de vaccination, des dépistages réguliers, et l'éducation à la santé.

Accès aux Médicaments : Soutenir les initiatives qui garantissent l'accès aux médicaments essentiels à des prix justes, en combattant les monopoles et en favorisant les alternatives génériques.

Programmes de Bien-Être

Le bien-être ne se limite pas à l'absence de maladie ; il englobe également la santé mentale, l'activité physique, et l'accès à des environnements sains et apaisants. Le financement participatif peut jouer un rôle clé dans la mise en place de projets visant à améliorer le bien-être général de la communauté.

Espaces Verts et Parcs Communautaires : Les investissements dans des espaces verts urbains offrent des lieux de détente, de jeu, et d'exercice pour tous, contribuant ainsi au bien-être physique et mental de la communauté.

Centres de Fitness Communautaires : Financer la création ou l'amélioration de centres de fitness accessibles à tous, offrant des cours, des équipements et des programmes adaptés à différents âges et capacités.

Programmes de Santé Mentale : Soutenir le développement de services de santé mentale, tels que des lignes d'assistance, des ateliers, et des thérapies de groupe, pour aider à combattre l'isolement, l'anxiété, et d'autres défis psychologiques.

Conclusion

La santé et le bien-être sont des droits fondamentaux, et le financement participatif ainsi que la tokenisation offrent des moyens innovants pour les promouvoir de manière inclusive et durable. En investissant dans des initiatives de soins de santé et de bien-être centrées sur la communauté, nous pouvons contribuer à créer une société où chaque individu a la possibilité de vivre une vie saine et épanouie. Ce chapitre souligne l'importance de repenser notre approche de la santé et du bien-être, en la rendant plus collaborative, accessible et ancrée dans les besoins réels des communautés.

Chapitre 22 : Révolution dans l'Industrie Pharmaceutique par la Tokenisation

L'industrie pharmaceutique actuelle est souvent critiquée pour ses pratiques controversées, incluant les pénuries artificielles, les prix exorbitants des médicaments et une focalisation sur les traitements à forte marge plutôt que sur les cures. Ce chapitre propose une alternative radicale : la création de laboratoires pharmaceutiques tokenisés, dirigés par et pour la communauté, afin de remédier à ces problèmes systémiques et de remettre la santé et le bien-être des individus au cœur des préoccupations.

LABORATOIRES PHARMACEUTIQUES COMMUNAUTAIRES

Imaginez des laboratoires pharmaceutiques financés directement par les citoyens à travers la tokenisation. Ce modèle permettrait à tout un chacun d'investir dans la recherche et la production de médicaments essentiels, garantissant l'accès à des traitements abordables pour tous, sans compromis sur la qualité ou la disponibilité.

Fin de la Pénurie Artificielle : En assurant une production adaptée aux besoins réels de la population, les laboratoires communautaires pourraient mettre fin aux pénuries orchestrées visant à gonfler les prix.
Médicaments à Juste Prix : Le modèle tokenisé

permettrait de vendre des médicaments à des prix justes, en éliminant les intermédiaires coûteux et en se concentrant sur l'accessibilité plutôt que sur le profit maximal.

Recherche Orientée par le Besoin : Contrairement aux géants pharmaceutiques qui privilégient les traitements les plus lucratifs, ces laboratoires se consacreraient à la recherche de cures réelles, y compris pour des maladies négligées par le système actuel.

SOUTIEN À LA RECHERCHE ET PRODUCTION ÉTHIQUE

Les laboratoires tokenisés pourraient également financer des recherches sur des solutions innovantes et éthiques, remettant en question les pratiques actuelles de l'industrie qui visent davantage à maintenir les patients dans un cycle de traitements qu'à les guérir.

Transparence Totale : Grâce à la blockchain, chaque étape de la recherche et de la production serait entièrement transparente, permettant aux investisseurs et aux consommateurs de vérifier l'origine et la composition des médicaments.

Alternative aux Traitements Coûteux : En se concentrant sur des médicaments génériques et sur des traitements innovants mais négligés par l'industrie pour des raisons de rentabilité, ces laboratoires offriraient des alternatives efficaces et abordables.

Vers une Santé Plus Juste et Accessible

La tokenisation dans le secteur pharmaceutique représente une opportunité de construire un système de santé plus juste, où les décisions sont prises en fonction des besoins réels des patients et non des profits potentiels. Ce modèle citoyen pourrait non seulement réduire le coût des soins de santé mais également restaurer la confiance dans les médicaments et les vaccins en assurant leur sécurité, leur efficacité et leur accessibilité.

Conclusion

La mise en place de laboratoires pharmaceutiques communautaires tokenisés pourrait marquer le début d'une ère nouvelle dans l'industrie pharmaceutique, où la santé publique prime sur les intérêts privés. En investissant dans la santé à travers un système participatif, nous avons le pouvoir de transformer profondément l'accès aux soins, de garantir des prix justes pour les médicaments, et de soutenir une recherche orientée vers le véritable bien-être des individus.

Ce chapitre ouvre la voie à une réflexion sur la nécessité de réinventer notre approche de la santé et du bien-être, en plaçant l'humain et l'éthique au centre de l'industrie pharmaceutique.

Chapitre 23 : Révolution dans l'Industrie du Divertissement par la Tokenisation

L'industrie du divertissement est un secteur dynamique et en constante évolution, jouant un rôle clé dans le progrès technologique et culturel des sociétés. Bien que principalement associé à l'amusement et à la détente, ce secteur a un impact profond sur la manière dont les idées et les valeurs sont partagées à travers le monde. La tokenisation offre une opportunité unique de remodeler cette industrie, en favorisant l'indépendance, l'innovation et un partage plus équitable des bénéfices.

L'INDÉPENDANCE GRÂCE À LA TOKENISATION

Dans un monde où les grands groupes dominent souvent l'industrie du divertissement, la tokenisation présente une alternative prometteuse pour garantir l'indépendance des créateurs et des entreprises. En finançant des projets de divertissement via la tokenisation, on peut s'affranchir des modèles de financement traditionnels qui privilégient certaines voix au détriment d'autres, limitant ainsi la diversité et la créativité.

Démocratisation du Financement : La tokenisation permet à un large éventail de personnes de contribuer au financement de projets de divertissement, des films indépendants aux jeux vidéo innovants, garantissant ainsi une plus grande diversité de contenu.

Soutien aux Innovations : En rendant les investissements dans le divertissement accessibles à tous, la tokenisation encourage les projets expérimentaux et avant-gardistes, stimulant ainsi le progrès technologique et créatif.

PARTAGE ÉQUITABLE DES BÉNÉFICES

L'un des avantages majeurs de la tokenisation dans l'industrie du divertissement est la possibilité de partager les bénéfices de manière plus équitable entre les créateurs, les investisseurs et les consommateurs. Ce modèle assure que les profits générés par les succès commerciaux sont redistribués à ceux qui ont directement contribué au projet, plutôt que d'être monopolisés par quelques grandes entités.

Rétribution des Créateurs : La tokenisation garantit que les créateurs reçoivent une part juste des revenus générés par leur travail, les motivant à continuer d'innover et de produire du contenu de qualité.

Avantages pour les Investisseurs : Les investisseurs qui soutiennent des projets de divertissement par l'achat de tokens bénéficient non seulement de retours potentiels sur investissement mais participent également activement au succès des projets qu'ils soutiennent.

Vers un Divertissement Plus Inclusif et Participatif

La tokenisation transforme les consommateurs de contenu passifs en acteurs actifs de l'industrie du divertissement. En investissant dans des tokens, les individus ont un mot à dire dans le développement de projets, favorisant ainsi un environnement où le divertissement est créé "par et pour" la communauté.

Empowerment des Consommateurs : Les détenteurs de tokens peuvent influencer les décisions créatives, participer à des votes sur la direction des projets et même proposer de nouvelles idées.

Accès Élargi : En abaissant les barrières financières à l'entrée, la tokenisation ouvre le monde du divertissement à un public plus large, offrant à chacun la possibilité de soutenir et de bénéficier de la création culturelle.

Conclusion

La tokenisation a le potentiel de révolutionner l'industrie du divertissement en promouvant l'indépendance, l'innovation et un partage des bénéfices plus juste. En transformant la manière dont les projets sont financés et en engageant directement la communauté dans le processus créatif, nous pouvons envisager un futur où le divertissement reflète une plus grande diversité de voix et d'expériences, enrichissant ainsi notre culture collective.

Chapitre 24 : L'armement et la Tokenisation

Dans un pays, l'armement est une priorité pour défendre ses valeurs et sa démocratie. En France, la fermeture de toutes les entreprises fabriquant des armes a créé une dépendance et une diplomatie de soumission envers d'autres pays fournisseurs. Cependant, en adoptant le principe de la tokenisation pour les entreprises d'armement, le pays pourrait regagner son autonomie en cas de besoin.

LA TOKENISATION AU SERVICE DE L'AUTONOMIE

La tokenisation, appliquée aux entreprises d'armement, permettrait une indépendance vis-à-vis des fournisseurs étrangers. Ce processus transforme les actifs de l'entreprise en tokens numériques sur la blockchain, rendant l'investissement plus accessible et démocratique. Ainsi, des individus de tous horizons pourraient participer au financement et à la gouvernance d'une entreprise d'armement nationale, contribuant à sa souveraineté et à son indépendance technologique.

ENTREPRISES CITOYENNES : UNE ALTERNATIVE AUX MULTINATIONALES

Contrairement aux multinationales et à l'oligarchie, qui vendent des armements à des prix exorbitants sous couvert de corruption, la création d'une entreprise citoyenne de fabrication d'armes permettrait d'atteindre une indépendance et de développer de nouvelles technologies. Les entreprises citoyennes, gérées et financées par les citoyens eux-mêmes, offrent une transparence et une éthique supérieures, en alignant leurs objectifs sur ceux de la communauté et de la nation.

DÉMOCRATISATION DU FINANCEMENT

Le système actuel montre que l'État peut financer des campagnes militaires en utilisant l'argent des citoyens, comme le montre l'exemple des livrets A, sans pour autant garantir une retombée positive pour ceux-ci. Les entreprises citoyennes, financées par la tokenisation, permettraient aux citoyens non seulement de contribuer mais aussi de bénéficier directement des succès et des avancées réalisées, contrairement aux projets financés par des oligarques où les bénéfices sont souvent monopolisés par une élite.

VERS UNE SOUVERAINETÉ RENOUVELÉE

La tokenisation et les entreprises citoyennes dans le domaine de l'armement pourraient ainsi représenter une voie vers la souveraineté et l'indépendance. En s'affranchissant des chaînes de la dépendance étrangère et de la corruption, et en promouvant une participation active et équitable des citoyens, ces modèles innovants offrent une solution durable contre l'influence des oligarques et l'état corrompu. C'est une démarche qui redonne pouvoir et voix aux citoyens, les plaçant au cœur de la défense nationale et de la gouvernance d'entreprises stratégiques pour l'avenir du pays.

Conclusion : Vers une Révolution Économique et Sociale par la Tokenisation
La tokenisation et les entreprises citoyennes, comme explorées à travers divers secteurs tels que l'énergie, l'éducation, le divertissement,

et la santé, ne sont que des exemples illustrant le potentiel immense de ces modèles innovants. Ce livre a démontré que, quelle que soit l'industrie, la tokenisation peut jouer un rôle déterminant dans la réorganisation des structures économiques et sociales, en favorisant une participation plus directe et équitable des citoyens.

Réévaluation de la Production et de la Consommation
L'objectif premier est de réorienter la production et la consommation vers des modèles plus durables et autonomes, en revalorisant les industries locales pour renforcer l'indépendance économique et réduire la dépendance vis-à-vis des importations. En soutenant le développement local à travers la tokenisation, non seulement nous contribuons à la revitalisation de notre économie, mais nous participons également à la revalorisation de notre monnaie en consolidant notre marché intérieur.

UN MODÈLE REPLICABLE ET ÉVOLUTIF

Ce que nous avons exposé n'est que la pointe de l'iceberg. Le principe de la tokenisation et des entreprises citoyennes peut être appliqué bien au-delà des exemples mentionnés, touchant potentiellement tous les aspects de notre vie économique et sociale. De la production alimentaire à la gestion des ressources naturelles, en passant par le développement technologique et la culture, chaque secteur peut bénéficier d'une réinvention basée sur l'engagement et l'investissement direct des citoyens.

Autonomie, Durabilité et Équité
En mettant en pratique ces modèles, nous forgeons une économie qui valorise l'autonomie, la durabilité et l'équité. Chaque token acheté représente un vote pour un futur où les bénéfices économiques sont partagés, où les décisions sont prises de manière transparente et démocratique,

et où les projets sont alignés avec les valeurs et les besoins de la communauté.

Appel à l'Action
Ce livre appelle à une réflexion collective sur notre avenir économique et social. La tokenisation et les entreprises citoyennes offrent une voie vers une société plus juste et durable. Pour réaliser ce potentiel, il est crucial que chacun de nous s'engage, explore et participe activement à ces modèles novateurs. Ensemble, nous pouvons transformer ces concepts en réalité, en bâtissant une économie qui sert véritablement l'intérêt commun et en redéfinissant notre rapport à l'argent, à la production, et à la consommation.

Vers un Avenir Transformé
En conclusion, cet ouvrage n'est pas seulement un exposé des possibilités offertes par la tokenisation et les entreprises citoyennes ; c'est une invitation à agir, à innover et à réimaginer notre monde. Les défis sont certes nombreux, mais les opportunités de créer une société plus autonome, durable et équitable sont à notre portée. En adoptant ces modèles, nous avons l'opportunité de redéfinir le paysage économique et social pour les générations futures, en mettant en place des fondations solides pour un avenir où la prospérité est partagée et où chaque citoyen a la capacité de contribuer au bien commun.

Partie suivante : Et si on arrêtait tous les impôts ?

Chapitre 25

Les impôts, souvent perçus comme une forme de prélèvement forcé, soulèvent de nombreuses critiques. En France, il est courant de penser que des décideurs se réunissent en secret pour concevoir des stratégies visant à prélever de l'argent sur les citoyens sans provoquer de révoltes. Ces acteurs, dont l'identité reste volontairement floue, sont souvent accusés de siphonner les ressources des contribuables.

Il est essentiel de rappeler que les entrepreneurs et les ouvriers du secteur privé sont perçus comme les véritables moteurs économiques. Ils génèrent les revenus sur lesquels d'autres, tels que les politiciens, les grandes administrations et les fonctionnaires, semblent vivre aux dépens des premiers, tels des parasites. Pourtant, les besoins fondamentaux des travailleurs incluent la santé, l'éducation, la sécurité publique et la défense nationale. Au lieu de répondre efficacement à ces besoins, il semble que le système actuel favorise la création de postes administratifs superflus, perçus comme des obstacles plutôt que des aides, financés par ce que certains qualifient de "racket" institutionnalisé.

De plus, ces critiques vont jusqu'à dénoncer l'incapacité de ces acteurs à gérer équitablement les finances publiques, citant également les associations qui reçoivent des subventions comme remerciement pour leur soutien politique, avec toujours l'argent du contribuable. Le système est également accusé d'emprunter sans mesure à des entités non nommées, créant ainsi une dette nationale qui profite à une élite spécifique.

Une référence est faite au documentaire "L'Argent Dette", qui explore la création monétaire à partir de rien, contrastant avec le système antérieur basé sur l'étalon-or. Ce changement, initié sous Georges Pompidou et concrétisé par Valéry Giscard d'Estaing, est vu comme le début d'une dégradation économique. Les critiques à l'égard des politiques qui prônent des augmentations d'impôts et un allongement du temps de travail sont vives, soulignant une déconnexion avec les réalités des citoyens ordinaires.

VERS UNE SOLUTION SANS IMPÔTS ?

Dans ce contexte, comment envisager un système où les impôts ne seraient plus nécessaires ? La question mérite d'être posée, dans l'optique de redéfinir les mécanismes de financement des besoins publics et de réaligner les intérêts des décideurs avec ceux des citoyens. Le défi est de concevoir une méthode qui permette à la fois de financer les services essentiels et de promouvoir une gestion plus juste et transparente des ressources collectives, sans recourir à un prélèvement fiscal perçu comme injuste ou disproportionné.

La reformulation de cette partie vise à exposer les griefs contre le système fiscal actuel tout en ouvrant la discussion sur des alternatives potentielles. L'objectif est de stimuler une réflexion sur la possibilité de repenser le modèle économique et fiscal pour qu'il soit plus équitable et moins contraignant pour les citoyens.

Chapitre 26 : Vers une Réforme Économique par la Monnaie Citoyenne

Les impôts, pilier central du financement des services publics, suscitent un débat constant sur leur équité et leur gestion. La perception d'une charge fiscale excessive et d'une distribution inégale des responsabilités fiscales alimente la recherche de modèles alternatifs. Ce chapitre propose une exploration audacieuse : la création d'une monnaie citoyenne appuyée par la technologie blockchain pour réinventer le système fiscal.

CONTEXTE FISCAL ACTUEL

En France, le système fiscal repose sur une diversité de prélèvements, incluant la TVA, les impôts sur le revenu, et diverses taxes sectorielles, contribuant à un budget annuel conséquent. Cependant, la complexité et le poids de ces prélèvements alimentent le sentiment d'une gestion inefficace des ressources publiques.

PROPOSITION D'INNOVATION : LA MONNAIE CITOYENNE

La monnaie citoyenne, basée sur la blockchain, offre une transparence absolue et réduit les coûts de transaction. Ce moyen de paiement pourrait permettre un prélèvement automatique et équitable d'une taxe unique sur chaque transaction, remplaçant la multitude d'impôts actuels.

Avantages : En adoptant une taxe transactionnelle unique et faible, la nécessité de payer des impôts traditionnels serait éliminée, allégeant ainsi la charge fiscale pour les citoyens et les entreprises. Cette simplification pourrait transformer la France en un environnement attractif pour l'investissement, stimulant l'économie.

Impact sur les Services Publics : Avec un système

fiscal simplifié et automatisé, les ressources pourraient être allouées plus efficacement aux services essentiels tels que la santé, l'éducation, et la sécurité, tout en réduisant les dépenses administratives.

RÉFORME ADMINISTRATIVE

En parallèle de l'introduction de la monnaie citoyenne, une réforme de l'administration fiscale pourrait être envisagée pour optimiser la gestion des ressources publiques. Les compétences des fonctionnaires de Bercy, par exemple, pourraient être réorientées vers le soutien et le conseil aux entreprises et aux citoyens, transformant ainsi leur rôle de contrôle en un rôle d'accompagnement.

Vers une Économie Plus Équitable et Innovante
La monnaie citoyenne et la simplification fiscale proposées ici visent à instaurer une économie plus équitable, où chaque transaction contribue de manière transparente et proportionnée au bien commun. Cette vision révolutionnaire ouvre des perspectives pour une société où la fiscalité devient un levier d'inclusion et de prospérité partagée, non une source de division.

Conclusion
En envisageant des alternatives audacieuses

comme la monnaie citoyenne et la réforme fiscale, nous pouvons imaginer un futur où le financement des services publics est assuré de manière plus juste, efficace, et transparente. Ce chapitre invite à réfléchir à la façon dont les innovations technologiques et les changements de paradigme peuvent contribuer à une société plus harmonieuse et prospère.

REPENSER LA FISCALITÉ : VERS UNE TAXE TRANSACTIONNELLE UNIQUE

Le système fiscal français, caractérisé par sa complexité et la multiplicité de ses taxes et impôts, soulève des questions importantes sur son équité et son efficacité. Actuellement, les citoyens et les entreprises sont soumis à une variété de prélèvements fiscaux, dont certains sont perçus comme disproportionnés ou injustes.

EXEMPLES DE CHARGES FISCALES ACTUELLES

TVA (Taxe sur la Valeur Ajoutée) : Le taux standard de la TVA en France est de 20 % sur la majorité des biens et services, avec des taux réduits de 5,5 % pour certains produits de première nécessité. Malgré ces taux réduits, la TVA standard reste une charge significative pour les consommateurs.

Taxe sur les Carburants : Les taxes sur l'essence représentent une part importante du prix à la pompe, avec des composantes incluant la TICPE (Taxe Intérieure de Consommation sur les Produits Énergétiques) et la contribution climat énergie, portant la taxation à environ 60 % du prix final pour certains carburants.

Impôt sur le Revenu : Les taux d'imposition sur le revenu varient de 0 % à 45 %, en fonction des tranches de revenu, mettant en évidence la progressivité du système mais aussi la charge pour les contribuables, en particulier pour les classes moyennes.

Proposition : Une Taxe Transactionnelle de 3,9 %
Face à ces constats, l'idée d'une taxe transactionnelle unique à un taux de 3,9 % sur toutes les transactions financières pourrait représenter une alternative séduisante. Ce modèle promet plusieurs avantages :

Simplification : Un système fiscal simplifié pourrait réduire considérablement la complexité administrative pour les particuliers et les entreprises.

Équité : En appliquant le même taux à toutes les transactions, le système deviendrait plus équitable, chaque transaction contribuant de manière proportionnelle au financement des services publics.

Stimulation Économique : Un taux unique et réduit pourrait encourager les investissements et la consommation, dynamisant ainsi l'économie.

Mise en Œuvre via la Technologie Blockchain
La blockchain pourrait jouer un rôle clé dans l'implémentation de cette taxe transactionnelle unique, offrant :

Transparence : Chaque transaction serait

enregistrée de manière sécurisée et transparente, garantissant l'intégrité du système fiscal.

Efficacité : La collecte de la taxe serait automatisée et instantanée, réduisant les coûts et les délais de traitement.

VERS UN NOUVEAU PARADIGME FISCAL

Ce chapitre propose une réflexion audacieuse sur la manière de transformer le système fiscal français, en le rendant plus simple, plus juste, et potentiellement plus propice à une croissance économique durable. La proposition d'une taxe transactionnelle unique, appuyée par les innovations technologiques comme la blockchain, ouvre la voie à un débat nécessaire sur l'avenir de la fiscalité.

Explorons les avantages potentiels d'un modèle fiscal où tant les citoyens que les entreprises seraient soumis à un taux unique de 3,9 % sur toutes les transactions financières. Ce modèle innovant propose une simplification radicale du système fiscal actuel, envisageant des bénéfices significatifs pour l'ensemble de la société.

AVANTAGES POUR LES CITOYENS

Simplification de la Fiscalité : La complexité du système fiscal actuel peut être source de confusion pour beaucoup. Un taux unique de 3,9 % sur toutes les transactions éliminerait la nécessité de naviguer à travers un labyrinthe d'impôts et de taxes, rendant la fiscalité plus compréhensible pour le citoyen moyen.

Réduction Potentielle de la Charge Fiscale : Pour de nombreux citoyens, surtout ceux à revenu moyen ou faible, un taux transactionnel unique pourrait représenter une réduction de leur charge fiscale globale, surtout lorsqu'on considère la TVA, les impôts sur le revenu, et d'autres prélèvements spécifiques.

Équité et Justice Fiscale : Un taux transactionnel unique appliqué de manière uniforme à toutes les transactions garantirait que chacun contribue au financement des services publics de manière proportionnelle à ses dépenses, favorisant ainsi une plus grande équité fiscale.

AVANTAGES POUR LES ENTREPRISES

Allègement de la Charge Fiscale : Actuellement, les entreprises sont soumises à une multitude de taxes et de contributions (impôt sur les sociétés, TVA, cotisations sociales, taxe foncière sur les propriétés professionnelles, etc.). Un modèle à 3,9 % simplifierait grandement la fiscalité d'entreprise, réduisant potentiellement leur charge fiscale globale et permettant une meilleure planification et réinvestissement dans leur croissance.

Stimulation de l'Investissement et de l'Innovation : Avec une réduction des coûts fiscaux, les entreprises pourraient être encouragées à investir davantage dans la recherche et le développement, l'expansion de leurs activités ou l'amélioration de leurs produits et services, dynamisant ainsi l'innovation et la compétitivité.

Attraction des Investissements Étrangers : Un taux fiscal unique et réduit ferait de la France un lieu attrayant pour les investissements étrangers, en offrant une structure fiscale claire et compétitive par rapport à d'autres juridictions, favorisant ainsi l'entrée de capitaux et le développement économique.

IMPLICATIONS ET CONSIDÉRATIONS

Financement des Services Publics : Il serait crucial d'évaluer comment un taux unique de 3,9 % sur les transactions pourrait financer efficacement les services publics essentiels. Cela nécessiterait une analyse approfondie des volumes de transactions et de leur élasticité par rapport à ce changement fiscal.

Adaptation du Secteur Public : Le passage à un modèle fiscal simplifié nécessiterait une adaptation significative des administrations fiscales, notamment en termes de collecte, de suivi et d'utilisation des recettes fiscales.

Équilibre Économique : Bien que ce modèle puisse stimuler l'activité économique, il est important de considérer son impact sur l'équilibre budgétaire à long terme et sur la capacité de l'État à répondre aux besoins sociaux et infrastructurels.

Ce chapitre propose donc une réflexion audacieuse sur la possibilité de réformer en profondeur le système fiscal français, en le rendant plus simple, plus juste et potentiellement plus efficace. Il invite à un débat public et à une analyse rigoureuse pour évaluer la faisabilité et les impacts d'une telle transformation, avec l'objectif ultime de construire une société plus prospère et équitable.

RÉINVENTION DU FINANCEMENT DE LA PROTECTION SOCIALE : UN PRÉLÈVEMENT TRANSACTIONNEL UNIQUE

Dans le contexte actuel, les charges sociales représentent une part significative des coûts pour les entreprises et influencent directement les salaires nets des travailleurs. Ces cotisations financent des éléments cruciaux tels que la santé, les retraites, et les allocations chômage. Cependant, le poids de ces charges peut également poser des défis en termes de compétitivité des entreprises et de pouvoir d'achat des salariés.

Proposition d'un Modèle de Prélèvement Transactionnel

L'idée d'un prélèvement transactionnel unique de 2 % sur toutes les transactions financières pour remplacer les charges sociales traditionnelles propose un modèle innovant. Ce système viserait à élargir l'assiette de contribution à l'ensemble des activités économiques, plutôt que de se concentrer uniquement sur le travail.

AVANTAGES POTENTIELS

Allègement pour les Entreprises et les Travailleurs : En remplaçant les charges sociales par un prélèvement transactionnel faible, les entreprises pourraient voir leurs coûts de main-d'œuvre réduits, tandis que les salariés bénéficieraient de salaires nets améliorés.

Simplicité et Équité : Un taux uniforme appliqué à toutes les transactions simplifierait considérablement le système de prélèvements, rendant les contributions plus prévisibles et perçues comme plus équitables.

Stimulation de l'Emploi et de la Compétitivité : La réduction des charges sur le travail encouragerait l'embauche, améliorerait la compétitivité des entreprises françaises sur les marchés internationaux et domestiques, et stimulerait l'emploi.

Inclusivité : Ce modèle assurerait que toutes les transactions contribuent au financement de la protection sociale, incluant des secteurs qui peuvent être moins touchés par les prélèvements traditionnels, contribuant ainsi à une répartition plus large des responsabilités.

AVANTAGES APPROFONDIS D'UN PRÉLÈVEMENT TRANSACTIONNEL UNIQUE

1. Réduction du Travail Non Déclaré

Explication : Un prélèvement automatique sur chaque transaction, y compris celles effectuées en cryptomonnaie citoyenne, réduirait l'incitation au travail au noir. Puisque chaque transaction générerait un prélèvement automatique destiné à financer les charges sociales et autres dépenses publiques, les activités non déclarées seraient naturellement intégrées dans l'économie formelle.

Conséquence : Cela entraînerait une augmentation de la base de contributions, assurant une meilleure répartition des charges et réduisant la pression sur les travailleurs et entreprises déclarés.

2. Inclusion des Activités Informelles et Marginales dans le Système Fiscal

Explication : Des secteurs comme la vente informelle ou la prostitution, souvent en marge du système fiscal, seraient intégrés grâce au prélèvement transactionnel. Chaque transaction, quelle que soit sa nature, contribuerait au financement des services publics.
Conséquence : Cela garantirait que tous les secteurs de l'économie participent équitablement au financement de la protection sociale, de l'éducation, de la santé, etc., alignant la contribution fiscale sur l'utilisation réelle des services publics.

3. Simplification Administrative et Réduction des Coûts de Surveillance

Explication : Le modèle de prélèvement transactionnel unique automatisé, surtout lorsqu'il est appuyé par la technologie blockchain, simplifierait considérablement la collecte des contributions fiscales et sociales. Cela éliminerait le besoin de contrôles et audits fiscaux complexes et coûteux destinés à lutter contre la fraude et l'évasion fiscale.

Conséquence : La réduction des dépenses administratives liées à la surveillance fiscale et à la gestion des contributions sociales pourrait se traduire par une allocation plus efficace des ressources publiques.

4. Augmentation de la Compétitivité des Entreprises et Stimulation de l'Emploi

Explication : En allégeant le fardeau fiscal direct sur les entreprises, notamment les charges sociales, le prélèvement transactionnel unique améliorerait la compétitivité des entreprises françaises. Les coûts réduits pourraient encourager l'embauche et l'investissement.

Conséquence : Un environnement d'affaires plus dynamique et compétitif favoriserait la croissance économique, l'emploi, et renforcerait l'attractivité de la France pour les investissements étrangers.

5. Justice et Équité Fiscales Accrues

Explication : En imposant une taxe faible mais universelle sur toutes les transactions, le modèle promeut une vision plus équitable de la fiscalité où chacun, indépendamment du secteur d'activité, contribue selon sa capacité économique réelle.

Conséquence : Cela pourrait réduire les inégalités en assurant que même les activités économiques les plus lucratives ou les transactions informelles contribuent au financement des biens et services publics.

Conclusion : L'introduction d'un prélèvement transactionnel unique représente une vision révolutionnaire du financement des services publics et de la protection sociale. En capitalisant sur les avantages de la technologie blockchain pour la transparence et l'efficacité, cette proposition promet de moderniser l'approche fiscale, de stimuler l'économie, et de promouvoir une société plus juste. Toutefois, une telle transformation nécessiterait une analyse approfondie, un dialogue social étendu, et une planification minutieuse pour en évaluer toutes les implications et assurer sa mise en œuvre réussie.

Conclusion : Vers une Ère Nouvelle avec la Monnaie Citoyenne
La proposition d'introduire une monnaie citoyenne, qui transcende la monnaie conventionnelle pour devenir le principal moyen d'échange, représente un pas audacieux vers un futur où les citoyens reprennent le contrôle de l'économie et de la fiscalité. Cette monnaie, détenue et gérée directement par les citoyens plutôt que par un organisme étatique potentiellement sujet à corruption, ouvre la voie à un système plus transparent, juste et démocratique.

Autonomie et Sécurité à travers la Propriété Citoyenne

La clé de cette transformation réside dans la propriété collective de la monnaie citoyenne par la population elle-même. En éliminant la centralisation du pouvoir monétaire dans les mains de l'État ou d'autres entités susceptibles d'être influencées par des intérêts particuliers, on assure une base solide pour une économie équitable et inaltérable.

AVANTAGES D'UN SYSTÈME FISCAL RÉINVENTÉ

Équité Accrue : Le prélèvement automatique d'une taxe transactionnelle unique de 3,9 % pour les dépenses publiques et de 2 % pour les charges sociales, directement via la monnaie citoyenne, garantit que chaque transaction contribue de manière équitable au bien-être collectif, sans échappatoires ou exemptions injustes.

Transparence et Confiance : La technologie blockchain sous-jacente à la monnaie citoyenne offre une transparence totale, permettant à chaque citoyen de vérifier où et comment les fonds sont utilisés, renforçant ainsi la confiance dans le système fiscal et social.

Stimulation Économique et Compétitivité : En allégeant le fardeau fiscal et social sur les entreprises et les individus, on encourage l'investissement, la consommation et l'innovation, favorisant une économie dynamique et compétitive à l'échelle globale.

Inclusion Financière et Sociale : En intégrant automatiquement toutes les transactions dans le système fiscal, y compris celles qui pourraient autrefois être considérées comme informelles ou marginales, on assure une contribution de tous au financement des services publics et sociaux, réduisant ainsi les inégalités.

Vers une Démocratie Économique Renforcée
Ce nouveau paradigme va au-delà de la simple réforme fiscale ; il s'agit d'un changement fondamental dans la relation entre les citoyens, leur argent, et leur gouvernement. En plaçant le contrôle de la monnaie entre les mains des citoyens, on jette les bases d'une démocratie économique où les décisions financières et fiscales sont prises de manière collective, pour le bénéfice de tous.

Conclusion Refondée
L'introduction d'une monnaie citoyenne, contrôlée par la population et non par un organisme d'État, symbolise une avancée majeure vers un futur plus juste et transparent. En adoptant un modèle de prélèvement transactionnel unique, on promet non seulement une simplification de la fiscalité, mais aussi une participation plus active de tous dans la gestion des affaires publiques. Ce système représente une opportunité unique de

redéfinir les fondements de notre économie, en mettant l'accent sur l'équité, la transparence et l'engagement citoyen. Alors que nous nous dirigeons vers ce nouvel horizon, la promesse d'une société où chaque transaction enrichit le bien commun devient une vision tangible, annonçant un avenir où chacun a sa part dans la prospérité collective.

Immigration et Santé : Vers une Réciprocité des Soins

Le sujet de la santé et de l'immigration en France soulève de nombreuses questions, notamment sur l'équité des soins prodigués aux étrangers par rapport aux citoyens français. En France, la générosité du système de santé permet à tous, y compris aux étrangers en situation irrégulière, d'accéder à des soins gratuits. Cette politique contraste fortement avec la situation des Français à l'étranger, qui doivent souvent payer pour recevoir des soins médicaux, même en cas d'urgence.

UN DÉSÉQUILIBRE DANS L'ACCÈS AUX SOINS

Cette différence de traitement soulève des questions d'équité, surtout lorsque l'on sait qu'un Français sur trois hésite à se faire soigner en raison des coûts associés. La décision d'offrir des soins gratuits aux étrangers en France, prise sans un large consensus national, est perçue par certains comme injuste et déséquilibrée. Elle semble refléter les choix d'une élite déconnectée des réalités des citoyens qui travaillent et contribuent au financement de ces mêmes soins par leurs impôts.

PROPOSITION POUR UNE RÉCIPROCITÉ DES SOINS

Une solution envisageable pour rétablir un sentiment de justice serait d'adopter un principe de réciprocité dans les soins médicaux. Ce principe stipulerait que les étrangers bénéficient en France du même niveau de soins gratuits ou payants que celui proposé aux Français dans leur pays d'origine. Si un citoyen français doit payer pour des soins médicaux dans un pays étranger, alors les ressortissants de ce pays devraient être soumis aux mêmes conditions en France.

AVANTAGES D'UNE POLITIQUE DE RÉCIPROCITÉ

Cette approche présente plusieurs avantages. Elle encourage une forme d'équité internationale en matière d'accès aux soins de santé, poussant potentiellement les autres pays à revoir leur politique de soins aux étrangers pour garantir à leurs citoyens un traitement équivalent à l'étranger. De plus, elle responsabilise les pays sur la manière dont ils traitent les citoyens étrangers, contribuant ainsi à une forme de diplomatie sanitaire basée sur le respect mutuel.

MISE EN ŒUVRE ET DÉFIS

La mise en œuvre d'une telle politique nécessiterait une coordination internationale et des accords bilatéraux ou multilatéraux pour s'assurer de la réciprocité des soins. Elle devrait également prendre en compte les cas d'urgence et les principes humanitaires qui obligent à soigner toute personne en danger immédiat, indépendamment de sa nationalité ou de sa situation légale.

Cette proposition vise à promouvoir une discussion sur la manière dont la France, et par extension d'autres pays, pourrait rééquilibrer l'accès aux soins de santé pour tous, en se basant sur des principes d'équité et de réciprocité. Elle invite à repenser les politiques de santé à l'égard des étrangers, dans un esprit de justice et de coopération internationale.

CONCLUSION: LES VRAIS COÛTS DES SOINS GRATUITS

Petit rappel pour nous tous : les décisions concernant la gratuité des soins de santé pour les étrangers n'ont pas été prises avec l'accord explicite des principaux contributeurs, à savoir les travailleurs et les entrepreneurs français. Ces décisions sont souvent le fruit d'élites politiques qui vivent, pour ainsi dire, au crochet de ceux qui paient des impôts, décisions prises sans une réelle consultation de ceux qui en supportent les coûts.

Rappelons-nous toujours de questionner les motivations derrière les actions politiques : à qui profite réellement une loi ou une mesure? Quand un politicien vote ou propose une loi qui semble aller à l'encontre des intérêts de ceux qui l'ont élu, il y a lieu de se demander quelles sont les vraies motivations derrière cette proposition.

Les soins dits "gratuits" pour les étrangers ne sont, en réalité, pas gratuits pour les travailleurs et les entrepreneurs qui financent ces services par leurs impôts. Dans ce système, qui sont les véritables bénéficiaires? Très souvent, ce sont les entreprises pharmaceutiques et les fournisseurs de services de santé qui profitent de ces politiques, car elles augmentent la demande de leurs produits et services.

Lorsqu'un décideur vous assure que "nous ne pouvons pas les laisser sans soins", il est essentiel de rechercher plus profondément. Combien a-t-il reçu pour défendre ces idées? Les politiciens, malheureusement, peuvent parfois s'avérer être moins des serviteurs du public que des parasites vivant aux dépens de ceux qu'ils sont censés représenter.

Ce rappel n'est pas seulement une critique, mais un appel à une vigilance accrue et à une participation active dans les décisions politiques qui affectent directement notre économie et notre société. Il est temps de repenser qui devrait vraiment avoir une voix dans ces décisions cruciales et de s'assurer que les intérêts des citoyens travailleurs et des entrepreneurs ne soient pas négligés au profit de ceux qui profitent le plus de ces politiques.

Réforme du Système Pénitentiaire : Vers des Prisons Plus Dissuasives

La question de l'efficacité du système pénitentiaire en France suscite de nombreuses réflexions, notamment concernant la réinsertion des détenus et la prévention de la récidive. La crainte de la radicalisation et du mélange des populations carcérales amène à repenser l'approche de l'incarcération. Une proposition audacieuse serait de transformer radicalement l'expérience de la détention, en privilégiant l'isolement individuel et une expérience pénitentiaire strictement dissuasive.

UN NOUVEAU MODÈLE DE PRISON

L'idée serait de construire des prisons où les détenus seraient logés dans des unités individuelles, sans contact direct avec d'autres prisonniers. Ces mini-cellules, sécurisées et surveillées par caméras, limiteraient les interactions humaines au strict nécessaire, réduisant ainsi les risques de radicalisation et d'influence négative entre détenus.

SÉCURITÉ ET SURVEILLANCE SANS GARDIENS

Le modèle proposé s'appuie sur une technologie avancée pour la surveillance, éliminant le besoin de gardiens dans les zones de détention. Cela pourrait réduire les coûts opérationnels et les risques de corruption ou de violence envers le personnel pénitentiaire.

TOKENISATION ET PRIVATISATION DES PRISONS

La tokenisation et la privatisation des prisons pourraient introduire un modèle de financement innovant, où les investisseurs pourraient contribuer au développement de structures carcérales répondant à de nouveaux standards de sécurité et d'efficacité. Cette approche nécessiterait une régulation stricte pour éviter les abus et garantir le respect des droits humains.

UNE EXPÉRIENCE DISSUASIVE

L'objectif est de rendre l'expérience carcérale suffisamment dissuasive pour décourager la récidive. Les conditions de détention seraient minimales, avec des espaces restreints et des commodités limitées. Le travail en détention deviendrait une opportunité pour améliorer son quotidien, promouvant ainsi les valeurs du travail et de l'effort personnel.

RÉINSERTION ET ÉDUCATION

Malgré un régime strict, la prison devrait aussi offrir des programmes de réinsertion et d'éducation, permettant aux détenus de se former et de développer des compétences utiles pour leur retour dans la société. L'accès à ces programmes pourrait être conditionné par le comportement et l'engagement du détenu dans son parcours de réhabilitation.

Conclusion
Cette vision réformée des prisons cherche à équilibrer dissuasion, réhabilitation et respect des droits fondamentaux. En isolant les détenus pour prévenir les influences néfastes et en conditionnant les améliorations de leurs conditions de vie à leur participation à des programmes éducatifs et de travail, on espère créer un système pénitentiaire qui non seulement punit justement mais encourage également la réinsertion positive dans la société. Il est essentiel que cette réforme s'accompagne d'une réflexion approfondie sur les causes de

la criminalité et sur les moyens de prévenir efficacement les infractions, en traitant les problèmes sociaux et économiques à la racine.

RÉFORME DU SYSTÈME PÉNITENTIAIRE : VERS UNE RESPONSABILITÉ ÉCONOMIQUE EN DÉTENTION

Introduction à un Nouveau Modèle de Détention
La nécessité de rendre le système pénitentiaire plus dissuasif tout en inculquant une conscience des conséquences économiques de leurs actes aux détenus, nous amène à envisager un modèle radical et disciplinaire de détention. Ce modèle repenserait non seulement l'expérience carcérale en termes de confort mais imposerait également aux détenus une responsabilité financière directe pour leur incarcération.

CONDITIONS DE VIE MINIMALISTES

Chaque détenu serait logé dans une unité de détention simple et fonctionnelle, similaire aux chambres très basiques d'un hôtel économique, sans aucun luxe, y compris la télévision. La pièce serait suffisante pour les besoins élémentaires, avec des repas de base comme le riz, assurant la subsistance sans confort excessif.

RESPONSABILITÉ FINANCIÈRE : LE LOYER DE LA DÉTENTION

Dans cette nouvelle approche, les détenus seraient responsables de payer un loyer pour leur cellule. Ce loyer symboliserait le coût de leur maintien en détention et agirait comme un rappel constant que la liberté a une valeur économique directe. Ce système aurait pour but de renforcer la prise de conscience que leurs actions ont des répercussions financières non seulement pour eux-mêmes mais aussi pour la société.

TRAVAIL EN DÉTENTION POUR GAGNER DES PRIVILÈGES

Pour gérer ce loyer et potentiellement améliorer leur quotidien, les détenus auraient l'opportunité de travailler à des tâches assignées au sein de l'établissement. Le travail ne serait pas seulement un moyen de gagner de l'argent pour payer le loyer, mais aussi une façon de contribuer positivement à la communauté carcérale et de préparer la réinsertion.

Accès Conditionnel à des Services Complémentaires

Les services supplémentaires, comme le soutien psychologique, pourraient être disponibles mais nécessiteraient une participation financière du détenu. Cette mesure vise à encourager les détenus à valoriser et à utiliser judicieusement ces ressources, reconnaissant que l'accès à de tels services est un privilège qui a un coût.

Conclusion : Une Vision Équilibrée entre Dissuasion et Réhabilitation

Ce modèle de prison cherche à équilibrer une discipline stricte avec la réhabilitation, en insistant sur la responsabilité individuelle et économique. Il est conçu pour rendre l'expérience de la détention non seulement dissuasive mais aussi éducative, en soulignant que les actions criminelles entraînent des conséquences sérieuses et coûteuses.

En mettant en œuvre un tel système, l'objectif est de décourager la récidive et de promouvoir une réinsertion réussie, tout en garantissant que les coûts de la détention soient partiellement compensés par ceux qui les engendrent. Ce modèle réformatif pourrait potentiellement réduire les dépenses publiques consacrées au système carcéral et renforcer la notion de justice et de responsabilité au sein de la société.

REPENSER LA DÉMOCRATIE À L'ÈRE DE LA TECHNOLOGIE BLOCKCHAIN

Vers une Démocratie Plus Participative

L'idée d'une démocratie renouvelée, où chaque citoyen a un rôle actif dans le processus législatif, représente un idéal vers lequel de nombreuses sociétés aspirent. La technologie blockchain, par sa capacité à assurer la transparence et l'intégrité des données, pourrait servir de fondement à un système de vote et de consultation publique sécurisé et inaltérable.

AVANTAGES DE LA BLOCKCHAIN POUR LA GOUVERNANCE DÉMOCRATIQUE

Transparence et Intégrité : La blockchain peut garantir que chaque vote ou consultation est enregistré de manière sécurisée, offrant une transparence complète tout en protégeant l'anonymat des votants.

Lutte contre la Fraude : Les caractéristiques de la blockchain rendent pratiquement impossible la manipulation des votes, contribuant ainsi à restaurer la confiance dans les processus électoraux et législatifs.

Participation Directe : Un système basé sur la blockchain permettrait aux citoyens de participer directement à la prise de décision, notamment pour les questions législatives et réglementaires, en réduisant les barrières à l'engagement civique.

PROPOSITIONS POUR UNE DÉMOCRATIE RENOUVELÉE

Europe Citoyenne et Démocratique : Reconsidérer le fonctionnement de l'Union européenne pour favoriser une plus grande participation directe des citoyens aux décisions, y compris la possibilité de voter sur des lois et des politiques clés. Cela pourrait impliquer la création d'une plateforme de vote blockchain à l'échelle de l'UE, où les citoyens des États membres peuvent s'exprimer directement sur des initiatives législatives.

Consultations Publiques Fréquentes : Utiliser la blockchain pour organiser des consultations publiques régulières sur des sujets variés, garantissant que l'opinion des citoyens est prise en compte dans les processus décisionnels.

Réforme des Institutions : Repenser la

structure et le fonctionnement des institutions démocratiques pour qu'elles reflètent mieux la volonté et les intérêts des citoyens, en s'appuyant sur la blockchain pour améliorer la gouvernance et la responsabilité.

Conclusion

La démocratie, en tant que système de gouvernance, doit évoluer pour répondre aux défis et aux opportunités du 21e siècle. En intégrant des technologies innovantes telles que la blockchain, il est possible de concevoir un système politique plus transparent, participatif et équitable. Cela nécessitera un engagement profond envers la réforme et l'innovation, ainsi qu'une volonté collective de repenser les mécanismes de participation citoyenne et de prise de décision. En travaillant vers une Europe citoyenne et des démocraties nationales revitalisées, on peut aspirer à une société où chaque voix compte et où la confiance dans les institutions publiques est restaurée.

MODERNISATION DES ÉLECTIONS PAR LA BLOCKCHAIN

Principe de Fonctionnement

Dans un système électoral basé sur la blockchain, chaque bureau de vote enregistrerait les résultats directement sur une blockchain publique à la fin du scrutin, en présence des électeurs et des observateurs. Cette méthode permettrait de créer un registre immuable et transparent de chaque vote compté, rendant toute altération ou fraude extrêmement difficile.

AVANTAGES DE LA BLOCKCHAIN POUR LES ÉLECTIONS

Transparence Accrue : En rendant les résultats de chaque bureau de vote directement accessibles sur la blockchain, les électeurs et les parties prenantes peuvent vérifier en temps réel l'exactitude des comptages.

Sécurité et Intégrité des Données : La technologie blockchain, par sa nature décentralisée et cryptée, assure une protection robuste contre les tentatives de manipulation des résultats.

Confiance Renforcée dans le Processus Électoral : La capacité de vérifier indépendamment les résultats de l'élection à partir de données immuables renforce la confiance des électeurs dans l'intégrité du processus électoral.

Mise en Œuvre

Formation et Équipement : Pour que chaque bureau de vote puisse enregistrer les résultats sur la blockchain, une formation adéquate du personnel électoral serait nécessaire, de même que l'équipement en technologies compatibles avec la blockchain.

Accessibilité et Anonymat : Bien que les résultats soient enregistrés et publiés, l'anonymat des votes individuels doit être scrupuleusement préservé. Des mécanismes de chiffrement avancés peuvent permettre de concilier transparence des résultats et confidentialité des choix électoraux.

Audit et Vérification : L'infrastructure blockchain devrait permettre des audits réguliers et des vérifications par des tiers indépendants pour s'assurer de sa fiabilité et de sa sécurité.

Considérations et Défis
Adoption Technologique : La transition vers un système électoral basé sur la blockchain nécessite une adoption technologique large et une mise à niveau des infrastructures existantes.

Législation et Régulation : Des cadres juridiques adaptés seraient nécessaires pour encadrer l'utilisation de la blockchain dans les processus électoraux, garantissant son intégration dans le respect des lois électorales nationales.

Sensibilisation et Acceptation Publique : Pour réussir, cette innovation nécessite non seulement une mise en œuvre technique, mais aussi une campagne de sensibilisation pour assurer l'acceptation et la compréhension du public.

Conclusion

L'intégration de la blockchain dans les systèmes électoraux représente une opportunité prometteuse pour renforcer la démocratie en assurant des élections plus transparentes, sécurisées et fiables. En détaillant et en rendant publiques les données des bureaux de vote de manière sécurisée et immuable, on peut significativement réduire les risques de fraude et restaurer la confiance dans le processus électoral. Cependant, la réalisation de cette vision nécessite une approche méthodique, tenant compte des aspects technologiques, légaux et sociaux pour assurer une transition réussie et acceptée par tous.

Synthèse Élargie et Invitation à l'Action : Vers une Société Transformée

Ce livre a entrepris un voyage à travers une vision ambitieuse pour remodeler les fondements même de notre société. En abordant des thèmes variés, de la création d'entreprises citoyennes à la refonte de nos systèmes fiscal, judiciaire, et démocratique, chaque proposition incarne un désir de construire un avenir où équité, transparence, et participation démocratique ne sont pas de vains mots mais des principes vivants.

L'Essence des Entreprises Citoyennes
Entreprises Citoyennes : Au cœur de cette vision réside le concept d'entreprises citoyennes, des entités économiques appartenant à et gérées par les citoyens eux-mêmes. Utilisant la technologie blockchain pour garantir la transparence et l'équité, ces entreprises seraient un pilier de l'économie de demain, offrant une alternative viable aux modèles corporatifs traditionnels et aux pratiques monopolistiques.

Économie Participative et Durable : Les entreprises citoyennes favoriseraient une économie participative, où les bénéfices sont partagés équitablement et réinvestis dans des projets bénéfiques pour la communauté et l'environnement, incarnant ainsi les principes d'une économie circulaire et durable.

Récapitulatif des Propositions Majeures
Réforme Fiscale et Cryptomonnaie Citoyenne :

La mise en place d'un prélèvement transactionnel unique à travers une cryptomonnaie citoyenne pour simplifier le système fiscal et alléger la charge sur les citoyens et les entreprises.

Transformation du Système Judiciaire : Une réflexion sur l'amélioration de l'efficacité et de la justice du système pénitentiaire, tout en respectant les principes fondamentaux des droits de l'homme.

Renouveau Démocratique via la Blockchain : L'utilisation de la blockchain pour garantir des élections transparentes et sécurisées, renforçant la confiance dans le processus démocratique.

INVITATION À L'ACTION ET À LA COLLABORATION

Nous sommes à l'aube d'une ère nouvelle, où les technologies et les idées innovantes offrent l'opportunité de redéfinir notre coexistence. Ce livre n'est pas seulement un manifeste, mais un appel à l'engagement actif, à la réflexion critique, et à la collaboration ouverte pour faire de ces visions une réalité.

PARTICIPEZ ET FAÇONNEZ L'AVENIR

Contribuez à la Discussion : Un espace de dialogue sera créé pour que chacun puisse apporter ses idées, critiques, et propositions pour enrichir et affiner cette vision collective.

Engagez-vous dans la Transformation : Cet appel à l'action est une invitation à chaque individu à participer activement à la construction d'un avenir plus juste, durable, et démocratique, en partageant connaissances, compétences, et ressources.

Conclusion Élargie
Les entreprises citoyennes, la réforme fiscale via la cryptomonnaie citoyenne, la modernisation du système judiciaire, et la revitalisation de la démocratie sont autant de piliers sur lesquels repose notre vision d'un avenir transformé. Cet avenir n'est pas une utopie lointaine, mais un horizon vers lequel nous pouvons avancer

ensemble, en faisant preuve de créativité, de courage, et de solidarité. Rejoignez-nous dans cette aventure collective pour bâtir une société où chacun a sa place et peut prospérer.

A PROPOS DE L'AUTEUR

Je suis connu des services de police pour escroquerie, mais avant que cette étiquette ne soit utilisée pour me discréditer, laissez-moi vous expliquer comment tout a commencé. Mon histoire n'est pas celle d'un criminel ordinaire ; c'est celle d'un entrepreneur confronté à des abus de pouvoir.

IMPORTATEUR DE SAUNAS ET UNE MAUVAISE RENCONTRE

Il fut un temps où j'étais un importateur prospère. Je vendais divers produits, y compris des saunas, sur des plateformes en ligne comme eBay. Un jour, un client achète un sauna et se plaint d'une ampoule cassée à la réception. Comme les colis étaient assurés, je lui demande s'il a fait des réserves ou signalé le problème au chauffeur lors de la livraison. Sa réponse me choque : il m'informe qu'il est de la police et exige une réduction de 50 %, menaçant de porter plainte si je refuse. Dans un accès de colère, je lui réponds sèchement, "va te faire enculer".

LES RÉPERCUSSIONS DE MON REFUS

Quelques jours plus tard, je reçois la visite des douanes, des services des fraudes et de divers autres organismes de contrôle. Ce client, bien que retraité, utilisait encore son influence policière pour régler ses comptes. Dans mon hangar de 400 m², ils trouvent un problème : je vendais des G Wheel, une sorte de surf motorisée, sans mentionner qu'elles étaient interdites aux moins de 14 ans. Ils confondent ce produit avec les mini-motos vendues à l'époque, ce qui déclenche une série de complications.

UNE PROCÉDURE JUDICIAIRE ET UNE AMENDE

Cette confusion mène à une véritable tempête médiatique, avec des articles dans les journaux me dépeignant comme un escroc. Pourtant, j'avais importé ces produits en respectant les contrôles douaniers et en payant les taxes correspondantes. Au lieu de m'aider, les autorités préfèrent accuser. Pour éviter un long procès et libérer les tribunaux pour des affaires "plus importantes" (comme les disputes de voisinage), on me propose de payer une amende.

Je choisis de payer pour éviter de longues procédures judiciaires. Cependant, cette décision me vaut d'être fiché comme escroc.

Voici une photo de la machine vu l'écartement des jambes il est conçu pour les adulte

Voir la vidéo sur YouTube

Ils ont confondu avec les Pocket motos (mini moto)

COMMENT SORTIR LA FRANCE DE LA MERDE

IL FAUT CHANGER NOTRE SYSTÈME DE SERVICES PUBLIC.

Il est important de mentionner que ces mêmes autorités, si promptes à intervenir dans mon cas pour une simple oublie d'étiquetage, restent étrangement silencieuses lorsqu'il s'agit de véritables escroqueries. Par exemple, j'ai signalé à plusieurs reprises des vendeurs qui importent des machines chinoises de qualité médiocre et les font passer pour des produits fabriqués en Allemagne, trompant ainsi les consommateurs. Malgré mes dénonciations répétées, aucune action n'a été entreprise contre ces fraudeurs. Cette inaction contraste vivement avec la rigueur et la rapidité avec lesquelles elles ont traité mon cas, révélant une justice à deux vitesses et un manque flagrant d'équité dans l'application des lois.

Conclusion

Voilà mon histoire, telle qu'elle s'est déroulée. Ce n'est peut-être pas le récit d'un délit spectaculaire, mais il montre comment des abus de pouvoir peuvent transformer un entrepreneur honnête en criminel aux yeux de la loi. En exposant cette histoire moi-même, j'espère éviter que d'autres l'utilisent pour me discréditer. La vérité est souvent plus complexe que les apparences.

LE MOT DE LA FIN

UNE VISION RENOUVELÉE

Dans le cadre de la réforme que je propose, il est essentiel de rappeler une citation célèbre d'Albert Einstein :

« La folie, c'est de faire toujours la même chose et de s'attendre à un résultat différent. »

Cette maxime est particulièrement pertinente lorsqu'on examine l'état actuel de notre nation. Si nous continuons à permettre aux mêmes politiques, à la même administration, et aux mêmes idéologies éculées de guider notre avenir, nous ne devons pas nous attendre à un renouveau de notre société.

Les mêmes actions produiront les mêmes résultats, et dans notre cas, cela signifie un affaiblissement continu de notre économie et de notre cohésion sociale.

Je Vous Invite À Faire Vos Propres Recherche:

Alors que nous arrivons à la conclusion de ce voyage à travers les complexités de notre système économique, je vous invite à ne pas considérer ce livre comme le mot final sur le sujet, mais plutôt comme un point de départ pour vos propres explorations. Je vous encourage vivement à vérifier les informations présentées, à chercher des perspectives alternatives, et à continuer à vous informer sur ces questions cruciales qui affectent nos vies de tant de manières. Les ressources listées dans ce livre et de nombreuses autres disponibles en ligne ou dans les bibliothèques académiques peuvent vous aider à débuter ou à continuer votre recherche.

LE DÉBAT CONTINUE EN LIGNE ! REJOIGNEZ-NOUS !

Ce livre est bien plus qu'un simple ouvrage : il est le point de départ d'un mouvement, une réflexion ouverte sur l'avenir et les solutions concrètes que nous pouvons mettre en place ensemble.

Mais les idées ne doivent pas rester figées dans un livre. Elles doivent être expliquées, discutées et partagées ! C'est pourquoi j'ai créé des espaces de discussion et de réflexion en ligne, accessibles à tous.

Sur ma chaîne YouTube, vous trouverez :
Des vidéos explicatives pour approfondir les concepts du livre
Des débats et interviews avec des experts et des penseurs alternatif
Des analyses de l'actualité sous un prisme indépendant

Rejoignez-moi ici :
YouTube : youtube.com/@FabienGrisAuteur

Sur TikTok, je partage :
⚡ Des vidéos courtes et percutantes pour comprendre les enjeux actuels
⚡ Des réponses rapides à vos questions
⚡ Des extraits des débats et interventions en live

TikTok : tiktok.com/@lelivrequichangetout

Pourquoi me rejoindre ?
Pour approfondir les sujets du livre avec des exemples concrets.
Pour poser vos questions et obtenir des réponses en vidéo.
Pour échanger avec une communauté engagée et éveillée.
Pour faire entendre votre voix et partager ces idées autour de vous.

Ensemble, nous pouvons changer la donne !

Partagez ce livre, suivez-moi sur YouTube et TikTok, et continuons à réveiller les consciences !

Voici la liste des tous les impôts et taxes que les citoyens doivent subir

Voici ceux que nous pourrons supprimer avec ma méthode : attention la liste n'est pas à jour car elle est de 2019 et bien sûr ils ont dû en inventer de nouvelle chaque jours :

Liste des taxes, impôts, cotisations et contributions
Impôt net sur le revenu
TICPE
TVA nette
Retenues à la source sur certains bénéfices non commerciaux et de l'impôt sur le revenu
Retenues à la source et prélèvements sur les revenus de capitaux mobiliers et le prélèvement sur les bons anonymes
Impôt sur la fortune immobilière
Taxe forfaitaire sur les métaux précieux, les bijoux, les objets d'art, de collection et d'antiquité
Prélèvements de solidarité
Prélèvement social sur les revenus du patrimoine

Prélèvement social sur les produits de placement
Mutations à titre onéreux de créances, rentes, prix d'offices
Mutations à titre onéreux de meubles corporels
Mutations à titre onéreux d'immeubles et droits immobiliers
Mutations à titre gratuit entre vifs (donations)
Mutations à titre gratuit par décès
Contribution de sécurité immobilière
Autres conventions et actes civils
Actes judiciaires et extrajudiciaires
Taxe de publicité foncière
Prélèvement sur les sommes versées par les organismes d'assurances et assimilés à raison des contrats d'assurances en cas de décès
Timbre unique
Taxe sur les véhicules de société
Actes et écrits assujettis au timbre de dimension
Permis de chasser
Droits d'importation
Autres droits et recettes accessoires
Taxe et droits de consommation sur les tabacs
Autres droits et recettes à différents titres
Taxe sur les achats de viande
Autres taxes
Droit de timbre pour la délivrance du permis de conduire en cas de perte ou de vol
Fraction des droits de timbre sur les cartes

nationales d'identité
Taxe pour la gestion des certificats d'immatriculation des véhicules
Taxe sur les Titres de séjour et de voyage électroniques
Indemnité de défrichement
Taxe sur la cession à titre onéreux des terrains nus ou des droits relatifs à des terrains nus rendus constructibles du fait de leur classement
Taxe annuelle sur les logements vacants
Droit d'examen du permis de chasse
Droit de francisation et de navigation (DAFN)
Droit de validation du permis de chasse
Redevance pour délivrance initiale du permis de chasse
Redevances cynégétiques
Redevances des agences de l'eau
Taxe spéciale d'équipement au profit de l'établissement public Société du Grand Paris
Redevance perçue à l'occasion de l'introduction des familles étrangères en France
Contribution des assurés
Prélèvement sur les contrats d'assurance de biens 'Taxe Attentat'
Fraction des Prélèvements sociaux sur les jeux prévus aux art. L137-20 à L137-22 du Code de la sécurité sociale
Taxe sur les plus-values immobilières (PVI) autres que terrains à bâtir
Contributions additionnelles aux primes ou

cotisations afférentes à certaines conventions d'assurance
Taxe de solidarité sur les billets d'avion
Taxe sur les spectacles perçue au profit de l'Association pour le soutien du théâtre privé
Contribution vie étudiante et campus
Prélèvements sociaux sur les jeux prévus aux art. L137-20 à L137-22 du Code de la sécurité sociale
Droits de consommation sur les tabacs
Contribution sociale généralisée (CSG)
Contributions pour le remboursement de la dette sociale (CRDS)
Contribution solidarité autonomie (CSA) sur les revenus d'activité et du capital (contribution additionnelle au prélèvement social; 0,3%)
Prélèvement sur les contrats d'assurance-vie en deshérence; 'Prélèvement sur les contrats participation et intéressement en déshérence
Droit de consommation sur les produits intermédiaires
Droits de consommation sur les alcools
Droit sur les bières et les boissons non alcoolisées
Contribution additionnelle de solidarité autonomie (CASA)
Taxe sur les boissons énergisantes
Taxe sur les boissons sucrées
Taxe sur les boissons édulcorées
Impôt sur les spectacles, jeux et divertissements
Taxe d'aménagement

Taxe communale additionnelle à certains droits d'enregistrement
Taxe de séjour, taxe de séjour forfaitaire
Taxe sur les remontées mécaniques
Taxe communale sur la consommation finale d'électricité (TCFE)
Taxes d'enlèvement des ordures ménagères
Taxe de balayage
Taxe forfaitaire sur la cession à titre onéreux des terrains nus qui ont été rendus constructibles du fait de leur classement
Taxe sur les déchets réceptionnés dans une installation de stockage ou un incinérateur de déchets ménagers
Taxes dans le domaine funéraire (inhumation, crémation, convoi funéraire)
Taxe de ski de fond
Taxe communale sur la consommation finale d'électricité (TCFE)
Taxes d'enlèvement des ordures ménagères
Taxe de séjour, taxe de séjour forfaitaire
Droits départementaux d'enregistrement sur les mutations à titre onéreux d'immeubles
Taxe additionnelle départementale à la taxe de séjour
Droit départemental de passage sur les ouvrages d'art reliant le continent aux îles maritimes
Taxe sur les conventions d'assurance
Taxe sur les remontées mécaniques
Taxe départementale sur la consommation finale d'électricité (TCFE)

Taxe départementale additionnelle à certains droits d'enregistrement

Taxe départementale pour le financement des conseils d'Architecture, de l'urbanisme et de l'environnement (CAUE)

Taxe départementale des espaces naturels sensibles

Taxe sur les permis de conduire

Taxe sur les certificats d'immatriculation des véhicules (cartes grises)

Droit annuel de francisation et de navigation en Corse ; droit de passeport en Corse

Droit de consommation sur les tabacs dans les DOM

Taxe spéciale de consommation sur les carburants

Droits assimilés au droit d'octroi de mer sur les rhums et spiritueux à base d'alcool de cru

Droits de consommation sur les tabacs (DOM)

Taxe additionnelle à la taxe foncière sur les propriétés non baties, pour frais de chambres d'agriculture (TCATFPNB)

Droit affecté au fonds d'indemnisation de la profession d'avoués auprès des cours d'appel

Taxe pour le développement des industries de l'horlogerie, bijouterie, joaillerie, orfèvrerie et arts de la table

Taxe pour le développement des industries de l'ameublement ainsi que des industries du bois

Taxe pour le développement des industries du

cuir, de la maroquinerie, de la ganterie et de la chaussure
Taxe pour le développement des industries de l'habillement
Taxe spéciale sur les conventions d'assurance
Majoration de la taxe sur les assurances de protection juridique au profit du Conseil national des barreaux
Droit de passeport applicable aux grands navires de plaisance
Droit annuel de francisation et de navigation (DAFN)
Taxe sur les eaux
Taxe forfaitaire sur les actes des huissiers de justice
Taxe annuelle sur le détention de véhicules polluants
Droit annuel sur le navire
Cotisation vieillesse non-salariés
Cotisations institutions de prévoyance
Cotisations régime complémentaire
CSA sur revenus d'activité
Cotisations invalidité - CNIEG
Cotisations décès - CNIEG
Autres
"4 taxes"
Taxe "premix"
Impôt sur les sociétés
Contribution sociale nette sur les bénéfices des sociétés
Autres impôts directs perçus par voie d'émission

de rôles
Retenues à la source sur certains bénéfices non commerciaux et de l'impôt sur le revenu
Prélèvements sur les bénéfices tirés de la construction immobilière
Précompte dû par les sociétés au titre de certains bénéfices distribués
Prélèvement exceptionnel de 25 % sur les distributions de bénéfices
Taxe sur les locaux à usage de bureaux, les locaux commerciaux et de stockage
Prélèvements sur les entreprises d'assurance
Taxe sur les salaires
Cotisations perçues au titre de la participation des employeurs à l'effort de construction
Taxe de participation des employeurs au financement de la formation professionnelle continue
Contribution des institutions financières
Taxe sur les surfaces commerciales
Cotisation nationale de péréquation de taxe professionnelle
Cotisation sur la valeur ajoutée des entreprises (affectation temporaire à l'État en 2010)
Cotisation foncière des entreprises (affectation temporaire à l'État en 2010)
Mutations à titre onéreux de créances, rentes, prix d'offices
Mutations à titre onéreux de fonds de commerce
Mutations à titre gratuit entre vifs (donations)

Actes judiciaires et extrajudiciaires
Taxe de publicité foncière
Taxe additionnelle au droit de bail
Timbre unique
Taxe sur les véhicules de société
Actes et écrits assujettis au timbre de dimension
Taxe générale sur les activités polluantes
Cotisation à la production sur les sucres
Droit de licence sur la rémunération des débitants de tabac
Garantie des matières d'or et d'argent
Taxe spéciale sur certains véhicules routiers
Taxe spéciale sur la publicité télévisée
Redevances sanitaires d'abattage et de découpage
Taxe sur certaines dépenses de publicité
Taxe de l'aviation civile
Taxe sur les installations nucléaires de base
Taxes sur les stations et liaisons radioélectriques privées
Produits des jeux exploités par la Française des jeux (hors paris sportifs)
Prélèvements sur le produit des jeux dans les casinos
Prélèvement sur le produit brut des paris hippiques
Prélèvement sur les paris sportifs
Prélèvement sur les jeux de cercle en ligne
Redevance sur les paris hippiques en ligne
Taxe sur les transactions financières

Impositions forfaitaires sur les entreprises de réseaux (affectation temporaire à l'Etat en 2010)
Autres taxes
Droit sur les produits bénéficiant d'une appellation d'origine ou d'une indication géographique protégée (INAO)
Indemnité de défrichement
Taxe pour l'utilisation de la plate-forme Expadon 2
Taxe sur la cession à titre onéreux des terrains nus ou des droits relatifs à des terrains nus rendus constructibles du fait de leur classement
Taxe sur les bois et plants de vigne
Taxe sur les produits de la mer
Taxe additionnelle à l'imposition forfaitaire des entreprises de réseaux des Stations Radio (TA-IFER Stations Radio)
Taxe annuelle portant sur les autorisations de médicaments vétérinaires et les autorisations d'établissements pharmaceutiques vétérinaires
Taxe annuelle relative à l'évaluation et au contrôle de la mise sur le marché des produits phytopharmaceutiques et à leurs adjuvants
Taxe liée aux dossiers de demande concernant les médicaments vétérinaires ou les établissements pharmaceutiques vétérinaires.
Taxe sur la vente des produits phytopharmaceutiques disposant d'une autorisation de mise sur le marché (AMM)
Taxe sur les déclarations et notifications de produits du tabac

Taxe sur les produits de tabac
Taxe sur les produits de vapotage
Cotisation additionnelle versée par les organismes HLM et les SEM (CGLLS)
Cotisation versée par les organismes HLM (ANCOLS)
Cotisation versée par les organismes HLM et les SEM (CGLLS)
Prélèvement sur la participation des employeurs à l'effort de construction (PEEC)
Taxe sur les plus-values de cession des organismes HLM et les SEM
Taxe sur les spectacles de variétés
Contribution spéciale pour la gestion des déchets radioactifs - Conception
Taxe additionnelle à la taxe sur les installations nucléaires de base - Recherche
Droit de sécurité
Fraction affectée du produit du relèvement du tarif de taxe intérieure de consommation sur les produits énergétiques (TICPE) sur le carburant gazole
Imposition forfaitaire sur le matériel roulant circulant sur le réseau de transport ferroviaire et guidé géré par la RATP - IFER-STIF RATP
Taxe annuelle sur les locaux à usage de bureaux, les locaux commerciaux, les locaux de stockage et les surfaces de stationnement annexées à ces catégories de locaux perçue dans la région Ile-de-France
Taxe due par les concessionnaires

d'autoroutes

Taxe spéciale d'équipement au profit de l'établissement public Société du Grand Paris

Taxe sur les titulaires d'ouvrages de prise d'eau, rejet d'eau ou autres ouvrages hydrauliques destinés à prélever ou à évacuer des volumes d'eau, dite "taxe hydraulique"

Affectation d'une partie du produit de cession de la bande des 700 Mhz

Redevances perçues à l'occasion des procédures et formalités en matière de propriété industrielle ainsi que de registre du commerce et des sociétés, établies par divers textes

Cotisations (normale et supplémentaire) des entreprises cinématographiques

Taxe sur les ventes et les locations de vidéogrammes destinés à l'usage privé du public (taxe vidéo et VOD)

TSA - Taxe sur le prix des entrées aux séances organisées par les exploitants d'établissements de spectacles cinématographiques

TST - Taxe sur les éditeurs et distributeurs de services de télévision - Fraction Distributeurs

TST - Taxe sur les éditeurs et distributeurs de services de télévision - Fraction Editeurs

Contribution annuelle au profit de l'Institut de radioprotection et de sûreté nucléaire

Contribution perçue au profit de l'Institut national de prévention et d'éducation pour la santé (INPES)

Contribution sur la cession à un service

de télévision des droits de diffusion de manifestations ou de compétitions sportives
Prélèvement complémentaire temporaire 2011-2024 « UEFA Euro 2016 et JO 2024 »
Prélèvement sur les jeux exploités par la FdJ hors paris sportifs
Prélèvement sur les paris sportifs en ligne de la FdJ et des nouveaux opérateurs agréés
Cotisation des employeurs
Fraction de Taxe de solidarité additionnelle (TSA) (au bénéfice des CMU)
Taxe pour le comité professionnel des stocks stratégiques pétroliers
Taxe sur les plus-values immobilières (PVI) autres que terrains à bâtir
Droit dû par les entreprises ferroviaires pour l'autorité de régulation des activités ferroviaires
Taxe pour frais de contrôle due par les concessionnaires d'autoroutes
Droits et contributions pour frais de contrôle
Contributions pour frais de contrôle
Contribution sociale à la charge des fournisseurs agréés de produits de tabac
Taxe sur les salaires
Droit de licence sur la rémunération des débitants de tabacs
Cotisation spéciale sur les boissons alcooliques
Contribution sociale de solidarité des sociétés (C3S)
Contribution due par les laboratoires et les

grossistes répartiteurs sur les ventes en gros aux officines pharmaceutiques
Contribution due par les laboratoires sur leurs dépenses de publicité
Contribution due par les entreprises fabriquant ou exploitant des dispositifs médicaux sur leurs dépenses de publicité
Contribution due par les entreprises exploitant des médicaments bénéficiant d'une AMM / Contribution sur le chiffre d'affaires des entreprises exploitant une ou plusieurs spécialités pharmaceutiques
Redevance due par les titulaires de titres d'exploitation de mines d'hydrocarbures liquides ou gazeuses
Taxe spéciale sur les huiles végétales, fluides ou concrètes, destinées à l'alimentation humaine
Contribution sur les avantages de préretraite d'entreprise
Contribution sur les indemnités de mise à la retraite
Contributions patronales et salariales sur les attributions d'options (stock-options) de souscription ou d'achat des actions et sur les attributions gratuites
Taxe exceptionnelle sur la réserve de capitalisation (exit-tax)
Fraction de Taxe de solidarité additionnelle (TSA) (au bénéfice des CNAMTS en 2017)
Redevances UMTS 2G et 3G
Forfait social

Contribution sur les régimes de retraite conditionnant la constitution de droits à prestations à l'achèvement de la carrière du bénéficiaire dans l'entreprise

Contribution sur les régimes de retraite conditionnant la constitution de droits à prestations à l'achèvement de la carrière du bénéficiaire dans l'entreprise

Droit de circulation sur les vins, cidres, poirés et hydromels

Contribution tarifaire d'acheminement (CTA)

Prélèvements sur les numéros surtaxés pour les jeux et concours radiodiffusés et télévisés

Droits perçus au profit de la Caisse nationale de l'assurance maladie des travailleurs salariés (CNAMTS) en matière de produits de santé, taxe annuelle due par les laboratoires de biologie médicale

Taxe sur les premières ventes de dispositifs médicaux

Taxe sur les premières ventes de médicaments et produits de santé

Contribution sur les abondements des employeurs aux plans d'épargne pour la retraite collectifs

Taxe spéciale sur les conventions d'assurance automobile

Cotisation obligatoire

Prélèvement progressif sur le produit des jeux dans les casinos au profit des communes

Fraction du Prélèvement sur les mises de jeux

de cercle en ligne affectée aux communes dans le ressort territorial desquelles sont ouverts au public un ou plusieurs casinos

TA-TINB - Taxe additionnelle à la taxe sur les installations nucléaires de base dite "de stockage"

Versement pour sous-densité

Surtaxe sur les eaux minérales

Redevance proportionnelle sur l'énergie hydraulique

Redevances communale et départementale des mines (part communale)

Imposition forfaitaire annuelle sur les pylônes

Taxe sur les activités commerciales non salariées à durée saisonnière

Taxes sur les friches commerciales

Taxe sur les éoliennes maritimes

Taxe pour non-raccordement à l'égout - Participation pour le financement de l'assainissement collectif (PAC)

Taxe locale sur les enseignes et publicités extérieures (TLPE)

Participation pour non réalisation d'aires de stationnement

Taxes locales d'équipement

Taxe annuelle sur les résidences mobiles terrestres

Prélèvement progressif sur le produit des jeux dans les casinos au profit des communes

Fraction du Prélèvement sur les paris hippiques affectée aux EPCI sur le territoire desquelles sont ouverts au public un ou plusieurs hippodromes

Redevances communale et départementale des mines (part intercommunale)
Droits départementaux d'enregistrement sur les mutations à titre onéreux d'immeubles
Droit départemental de passage sur les ouvrages d'art reliant le continent aux îles maritimes
Redevance proportionnelle sur l'énergie hydraulique
Redevances communale et départementale des mines (part départementale)
Taxe départementale de publicité foncière sur les mutations à titres onéreux
Taxe départementale additionnelle à certains droits d'enregistrement
Taxe départementale des espaces naturels sensibles
Taxe annuelle sur les locaux à usage de bureaux, les locaux commerciaux, les locaux de stockage et les surfaces de stationnement annexées à ces catégories de locaux perçue dans la région Ile-de-France
TICPE- Part Grenelle
Redevance pour création de bureaux ou de locaux de recherche en région Ile-de-France
Taxe due par les entreprises de transport public aérien et maritime
Taxe due par les concessionnaires de mines d'or, les amodiataires des concessions de mines d'or et les titulaires de permis et d'autorisations d'exploitation de mines d'or exploitées en Guyane (taxe additionnelle aurifère)

Droit d'octroi de mer et droit d'octroi de mer régional

Taxe due par les entreprises de transport public aérien et maritime sur les passagers embarqués

Taxe additionnelle sur les certificats d'immatriculation perçue au profit des communes de Saint-Martin et SaintBarthélémy

Fraction chambre régionale de métiers et d'artisanat - Taxe additionnelle à la cotisation foncière des entreprises (TA-CFE) pour frais de CRMA

Participation au financement de la formation- Fraction affectée aux CMA pour leurs actions de formation (Fraction CMA)

Taxe additionnelle à la cotisation sur la valeur ajoutée des entreprises pour frais de chambres de commerce et d'industrie de région (TA-CVAE)

Fraction CCI-R de la TA-CFE pour frais de chambres de commerce et d'industrie de région

Taxe additionnelle à la taxe foncière sur les propriétés non baties, pour frais de chambres d'agriculture (TCATFPNB)

Redevances pour prélèvement sur la ressource en eau, pour pollution de l'eau, pour modernisation des réseaux de collecte, pour pollutions diffuses, pour stockage d'eau en période d'étiage, pour obstacle sur les cours d'eau et pour protection du milieu aquatique dans les DOM

Taxe pour obstacle sur les cours d'eau, taxe pour stockage d'eau en période d'étiage, taxe pour la protection du milieu aquatique, redevance pour pollutions diffuses (sauf fraction ONEMA), Redevances pour pollution de l'eau et redevance pour modernisation des réseaux de collecte, 'Redevances pour pollution de l'eau et redevance pour modernisation des réseaux de collecte

Versement transport dû par les entreprises de plus de 9 salariés implantées en Ile de France

Versement transport dû par les entreprises de plus de 9 salariés implantées en province

PEFPC : Participation des entreprises de 10 salariés et plus au développement de la formation professionnelle continue [1,05 % des rémunérations] (contrats et périodes de professionnalisation - DIF; Plan de formation; hors CIF-CDD)

PEFPC : Participation des entreprises de moins de 10 salariés au développement de la formation professionnelle continue [0,55% des rémunérations] (contrats et périodes de professionnalisation - DIF; Plan de formation; hors CIF-CDD)

Financement des congés individuels de formation des salariés sous contrats à durée déterminée CIF-CDD (1% des salaires versés, ou moins en cas d'accord de branche)

Participation au financement de la formation des professions non salariées (à l'exception des artisans et des exploitants agricoles) correspondant à 0,15% du montant annuel du plafond de la sécurité sociale

Taxe d'apprentissage

Contribution supplémentaire à l'apprentissage - versements aux CFA

Taxe destinée à financer le développement des actions de formation professionnelle dans les transports routiers

Taxe pour le développement de la formation professionnelle dans les métiers de la réparation de l'automobile, du cycle et du motocycle

Contribution annuelle au fonds de développement pour l'insertion professionnelle des handicapés (FIPH)

Contribution des employeurs publics au fonds pour l'insertion des personnes handicapées dans la fonction publique (FIPHFP)

Contribution des employeurs à l'association pour la gestion du régime d'assurance des créances des salariés (AGS)

PEFPC : Participation au financement de la formation des professions non salariées (Peche et culture) correspondant au minimum à 0,15% du montant annuel du plafond de la SS

PEFPC : Participation au financement de la formation des professions non salariées (Entreprises du Vivant, agriculture) correspondant à 0,15% du montant annuel du plafond de la SS

PEFPC : Participation au financement de la formation des professions non salariées (BTP) correspondant au minimum à 0,15% au du montant annuel du plafond de la SS

PEFPC : Participation au financement de

la formation des professions non salariées (Particuliers employeurs) correspondant au minimum à 0,15% du montant annuel du plafond de la SS

PEFPC : Participation au financement de la formation des professions non salariées (Artistes auteurs) correspondant au minimum à 0,1% du montant annuel du plafond de la SS

PEFPC : Participation au financement de la formation des intermittents correspondant au minimum à 2% des rémunérations versées

PEFPC : Participation au financement de la formation des professions non salariées (à l'exception des artisans, des exploitants agricoles et des contributions spéciales) correspondant à 0,15% du montant annuel du plafond de la sécurité sociale

Cotisation BTP intempéries

Contribution patronale au dialogue social (0,016%)

Contribution visée au II de l'article 8 de l'ordonnance n° 2003-1213 du 18 décembre 2003

TA-TINB - Taxe additionnelle à la taxe sur les installations nucléaires de base dite "Accompagnement"

Droits d'immatriculation des OVS

Taxe pour le développement des industries de la mécanique et de la construction métallique, des matériels et consommables de soudage et produits du décolletage, de construction

métallique et des matériels aérauliques et thermiques
Taxe pour le développement des industries des matériaux de construction regroupant les industries du béton, de la terre cuite et des roches ornementales et de construction
Taxe affectée au financement d'un nouveau Centre Technique Industriel de la plasturgie et des composites
Taxe affectée au financement du Centre Technique des industries de la fonderie
Taxe affectée au financement de l'institut des corps gras
Taxe pour le développement de l'industrie de la conservation des produits agricoles (CTCPA)
Taxe affectée au financement du Centre technique de l'industrie des papiers, cartons et celluloses
Taxes spéciales d'équipement
Participation des employeurs à l'effort de construction (PEEC)
Taxe d'aéroport
Taxe sur les nuisances sonores aériennes
Taxes de protection des obtentions végétales
Taxe sur les passagers maritimes embarqués à destination d'espaces naturels protégés
Prélèvement sur le produit des primes ou cotisations additionnelles relatives à la garantie contre le risque de catastrophes naturelles (au bénéfice du FPRNM)
Taxe annuelle sur les locaux à usage de bureaux,

les locaux commerciaux, les locaux de stockage et les surfaces de stationnement annexées à ces catégories de locaux perçue dans la région Ile-de-France

Prélèvement progressif sur le produit des jeux dans les casinos au profit des communes

TOCE

Taxes spéciales d'équipement (Guadeloupe)

Taxes spéciales d'équipement (Martinique)

Contribution annuelle acquittée par les personnes inscrites comme commissaires aux comptes, et droit fixe sur chaque rapport de certification des comptes, et contribution de la compagnie nationale des commissaires aux comptes

Contribution exceptionnelle de solidarité territoriale et taxe sur les résultats des entreprises

Taxe sur les excédents de provisions des entreprises d'assurance de dommages

Impôt sur les spectacles

Taxe forfaitaire sur les actes des huissiers de justice

Contribution sur la cession à un service de télévision des droits de diffusion, de manifestation ou de compétition sportive

Taxe due par les entreprises de transport public aérien et maritime sur les passagers embarqués en Corse

Taxe sur la publicité diffusée par voie de radiodiffusion sonore et de télévision

Taxe sur la publicité diffusée par les éditeurs de services de télévision
Contribution sur les activités privées de sécurité
Redevance courses de trot
Redevances courses de galop
Taxe sur les céréales
Taxe et prélèvement sur les sommes encaissées par les sociétés de télévision
Taxe annuelle sur la détention de véhicules polluants
Participation des employeurs au financement de la formation professionnelle continue (solde et pénalités)
Participation des employeurs à l'effort de construction (solde et pénalités)
Cotisations caisses de congés payés du bâtiment
Cotisations maladie autoentrepreneurs
Dépenses de promotion des médicaments
Cotisations invalidité - décès CIPAV
Cotisations IJ exploitants
Cotisations médecine du travail
CRDS sur revenus d'activité exploitants
Cotisations AT-MP
Cotisations avantages spécifiques IEG
Cotisations majorations rentes AT-MP agricoles
Cotisations maladie, AT-MP et vieillesse
Contribution formation professionnelle
Cotisations (normale et supplémentaire) des

entreprises cinématographiques
Taxe due par les employeurs de main d'œuvre étrangère permanente; temporaire et saisonnière
Contribution annuelle
Taxe sur les spectacles de variétés
Droits et contributions pour frais de contrôle
Contribution spéciale versée par les employeurs des étrangers sans autorisation de travail
Contribution forfaitaire représentative des frais de réacheminement
Contribution perçue au profit de l'INPES
Taxe Gestion des milieux aquatiques et prévention des inondations (GEMAPI)
Taxe additionnelle spéciale annuelle (TASA)
Taxe intérieure sur la consommation finale d'électricité (TICFE)
Taxe intérieure de consommation sur le gaz naturel (TICGN)
Taxe intérieure de consommation sur le charbon (TICC)
CSPE
Cotisations EMPLOYEURS Régime
Cotisations AT-MP salariés Régime Général +FSV
Cotisations Maladie salariés Régime Général +FSV
Cotisations Famille salariés Régime Général +FSV
Cotisations Vieillesse salariés Régime des salariés agricoles

Cotisations Vieillesse salariés Régime des salariés agricoles
Cotisations AT-MP salariés Régime des exploitants agricoles
Cotisations Vieillesse salariés Régime des exploitants agricoles
Cotisations AT-MP salariés Régime de retraite des fonctionnaires civils et militaires de l'Etat
Cotisations patronales Régime de retraite des fonctionnaires civils et militaires de l'Etat
Cotisations d'équilibre de l'employeur principal Régime spécial des fonctionnaires territoriaux et hospitaliers
Cotisations sociales Tous risques Régime spécial des fonctionnaires territoriaux et hospitaliers
Cotisations vieillesse + maladie Fonds spécial des pensions des ouvriers des établissements industriels de l'Etat (FSPOEIE)
Cotisations patronales Tous risques Régime spécial des agents de la SNCF
Cotisations patronales brutes Vieillesse Régime spécial des agents de la SNCF
Cotisations prévoyance patronales Régime spécial des agents de la RATP
Cotisations patronales Vieillesse Régime spécial des agents de la RATP
Contribution de l'employeur principal AT-MP Régime spécial des industries électriques et gazières (CNIEG)
Cotisations patronales "vieillesse" non

plafonnées Vieillesse   Régime spécial des industries électriques et gazières (CNIEG)

Cotisations patronales "décès" Vieillesse Régime spécial des industries électriques et gazières (CNIEG)

Cotisations patronales "vieillesse" non plafonnées Ensemble des risques   Régime spécial des industries électriques et gazières (CNIEG)

Cotisations patronales "décès", "invalidité" et "AT-MP" Ensemble des risques   Régime spécial des industries électriques et gazières (CNIEG)

Cotisations patronales non plafonnées Maladie-invalidité   Régime spécial des industries électriques et gazières (CNIEG)

Cotisations patronales non plafonnées AT-MP   Caisse autonome nationale de sécurité sociale dans les mines

Cotisations patronales Vieillesse   Caisse autonome nationale de sécurité sociale dans les mines

Cotisations sociales AT-MP Etablissement national des invalides de la marine (ENIM)

Cotisations sociales brutes Vieillesse   Caisse de retraite et de prévoyance des clercs et employés de notaires

Cotisations patronales vieillesse   Caisse de retraite et de prévoyance des clercs et employés de notaires

Cotisations sur les émoluments de notaires Vieillesse   Caisse de retraite et de prévoyance des

clercs et employés de notaires
Cotisations SALARIALES   Régime général et FSV
Cotisations Vieillesse Régime des salariés agricoles
Cotisations Vieillesse salariés Régime des exploitants agricoles
Cotisations Vieillesse salariés Régime de retraite des fonctionnaires civils et militaires de l'Etat
Cotisations salariales Régime spécial des fonctionnaires territoriaux et hospitaliers
Cotisations sociales Tous risques   Régime spécial des fonctionnaires territoriaux et hospitaliers
Cotisations vieillesse + maladie   Régime spécial des fonctionnaires territoriaux et hospitaliers
Cotisations salariales Tous risques   Fonds spécial des pensions des ouvriers des établissements industriels de l'Etat (FSPOEIE)
Cotisations salariales brutes Vieillesse Régime spécial des agents de la SNCF
Cotisations prévoyance des affiliés   Régime spécial des agents de la RATP
Cotisations salariales Régime spécial des industries électriques et gazières (CNIEG)
Cotisations salariales "vieillesse" non plafonnées Vieillesse   Régime spécial des industries électriques et gazières (CNIEG)
Contribution tarifaire d'acheminement

Vieillesse   Régime spécial des industries électriques et gazières (CNIEG)
Cotisations salariales "vieillesse" non plafonnées
Ensemble des risques   Caisse autonome nationale de sécurité sociale dans les mines
Cotisations salariales   Vieillesse   Etablissement national des invalides de la marine (ENIM)
Cotisations sociales brutes Vieillesse   Caisse de retraite et de prévoyance des clercs et employés de notaires
Cotisations salariales   Autres régimes *
Cotisations sociales - brutes BdF   Autres régimes *
Cotisations sociales - brutes CAVIMAC Autres régimes *
Cotisations sociales - brutes CNBF   Autres régimes *
Cotisations NON SALARIES ET INACTIFS
Cotisations Maladie non-salariés   Régime général et FSV
Cotisations Maladie inactifs   Régime général et FSV
Cotisations Famille non-salariés   Régime général et FSV
Cotisations Vieillesse non-salariés   Régime des exploitants agricoles
Cotisations sociales non-salariés Vieillesse   Régime des exploitants agricoles
Cotisations conjoints collaborateurs Vieillesse   Caisse nationale d'assurance vieillesse des

professions libérales
Cotisations sociales Provisionnelles Caisse nationale d'assurance vieillesse des professions libérales
Cotisations sociales régularisation Caisse nationale d'assurance vieillesse des professions libérales
Cotisations conjoints collaborateurs Caisse nationale d'assurance vieillesse des professions libérales
AUTRES COTISATIONS MAJORATIONS ET PENALITES
Autres cotisations sociales maladie (dont assurés volontaires) Régime général et FSV
Autres cotisations sociales vieillesse Régime général et FSV
Autres cotisations sociales AT-MP Régime général et FSV
Autres cotisations et contributions sociales diverses (maladie) Régime général et FSV
Autres Assiettes famille Régime général et FSV
Autres cotisations et contributions sociales diverses FSV Régime des salariés agricoles
Autres cotisations sociales Vieillesse Régime des salariés agricoles
Majorations et pénalités Vieillesse Régime des salariés agricoles
Majorations et pénalités AT-MP Régime des exploitants agricoles
Autres cotisations sociales Vieillesse Régime

des exploitants agricoles
Majorations et pénalités Vieillesse Régime des exploitants agricoles
Majorations et pénalités AT-MP Régime spécial des fonctionnaires territoriaux et hospitaliers
Autres cotisations, majorations et pénalités Régime spécial des fonctionnaires territoriaux et hospitaliers
Majorations et pénalités Maladie + Vieillesse Régime spécial des industries électriques et gazières (CNIEG)
Autres cotisations sociales et majorations Vieillesse Régime spécial des industries électriques et gazières (CNIEG)
Autres cotisations sociales et majorations Ensemble des risques Caisse nationale d'assurance vieillesse des professions libérales
Autres cotisations sociales Caisse nationale d'assurance vieillesse des professions libérales
Majorations et pénalités Caisse nationale d'assurance vieillesse des professions libérales
Contributions sociales
Employeurs
Contributions sociales maladie - Contribution UNOCAM et autres
Forfait social vieillesse
Forfait social FSV
CSA assise sur revenus d'activité CNSA
CSA assise sur revenus du capital CNSA
Contributions chômage Unédic

Cotisations AGS
Versement transport
Cotisation FNAL
Contributions patronales sur stocks option et attributions gratuites d'actions
Contributions d'équilibre de l'employeur principal Régime SNCF
Salariales
CSG brute maladie
Contributions sociales maladie - Prélévement social sur les revenus du capital
Contributions sur avantages de retraite et de préretraite (branche maladie)
Prélèvement social sur les revenus du patrimoine (branche maladie)
Prélèvement social sur les revenus des placements (maladie)
CSG sur revenus d'activité famille
CSG sur revenus de remplacement famille
CSG sur revenus du capital
CSG sur revenus d'activité FSV
CSG sur revenus de remplacement FSV
CSG sur revenus du capital FSV
CSG sur les revenus du patrimoine FSV
CSG sur les revenus des placements FSV
CSG sur autres revenus, majorations et pénalités FSV
Contributions sur avantages de retraite et de préretraite FSV
Prélèvement social et de solidarité sur les revenus du capital FSV

Prélèvement sur les revenus du patrimoine FSV
Prélèvement sur les revenus des placements FSV
CASA Brute CNSA
CSG brute CNSA
Prélèvement social sur les revenus du capital CNSA
Contributions salariales sur stocks option et attributions gratuites d'actions
CSG, impôts et taxes Caisse autonome nationale de sécurité sociale dans les mines
CSG - brutes Autres régimes

www.ingramcontent.com/pod-product-compliance
Lightning Source LLC
Chambersburg PA
CBHW032210220526
45472CB00018B/660